U0892890

课堂名人故事

艺术家

毛晓青 主编

吕丹妮 著

浙江摄影出版社
全国百佳图书出版单位

责任编辑：吴嘉莉
装帧设计：巢倩慧
责任校对：王君美
责任印制：汪立峰

图书在版编目（CIP）数据

课堂名人故事．艺术家 / 毛晓青主编 ； 吕丹妮著
．-- 杭州 ： 浙江摄影出版社，2022.3
ISBN 978-7-5514-3731-8

Ⅰ．①课… Ⅱ．①毛… ②吕… Ⅲ．①阅读课－小学
－教学参考资料 Ⅳ．①G624.233

中国版本图书馆CIP数据核字(2022)第003478号

课堂名人故事（艺术家）

毛晓青　主编　吕丹妮　著

全国百佳图书出版单位
浙江摄影出版社出版发行
　　地址：杭州市体育场路347号
　　邮编：310006
　　电话：0571-85151082
制版：浙江新华图文制作有限公司
印刷：杭州捷派印务有限公司
开本：880mm×1230mm　1/32
印张：7
2022年3月第1版　2022年3月第1次印刷
ISBN 978-7-5514-3731-8
定价：28.00元

小读者档案

自画像

/我的名字/ ◇ /我的年龄/

/长大后，我要做一个/

与名人同行

爱迪生、居里夫人、达·芬奇、鲁迅、沈从文、茅以升……一看到这些镶嵌在教科书上的金光闪闪的名字，你也许会感叹一句：这些名人的成就是普通人无法企及的啊，我们只有仰望的份了。可这套“课堂名人故事”就是要告诉你，名人也是普通人，他们能做到的，我们也一定做得到！

这套“课堂名人故事”共有三册，分别是文学家卷、科学家卷和艺术家卷。四位年轻的作者苏翔、童涵冰、吕丹妮、张琼，将小学教科书上出现过的那些名人不为人知的另一面挖掘出来，用生动有趣的表达方式，将名人故事娓娓道来。

没错，这些名人小时候，和你我一样，也会偷懒，也会调皮捣蛋：大作家鲁迅小时候为了看庙会，才勉勉强强地去背古文；沈从文小时候因为逃学被母亲罚跪；生物学家童第周在宁波效实中学第一学期的期末平均成绩只有45分，差点儿要留级……可等他们确立了自己的人生目标之后，他们就爆发出了超乎常人的坚持不懈的毅力和战胜挫折的勇气：大发明家爱迪生做了一千六百多次实验，才找到了最适合做灯丝的材料；物理学家居里夫人发现了“镭”，自己也因为长期接触放射性物质而得了重病；京剧大师梅兰芳将《贵妃醉酒》中的一处细节改了又改；生物学家屠呦呦为检测新药的毒副作用，甘当“小白鼠”以身试毒；水稻专家袁隆平吃饭很快，来不及细细品味稻米的清香，就为了省下时间投入工作；双腿瘫痪、身患绝症的史铁生坐在轮椅上，写出了一篇篇催人奋进的美文……

如果说，成功有什么秘诀的话，那么，这些名人身上超凡的坚韧与敢于自我牺牲的勇气，就是他们的“成功品质”。

“课堂名人故事”丛书选取了40位名人的100多则人生故事。在这一则则小故事中，那些高高在上的名人变得亲切起来。他们从教科书的殿堂里走下来，成为你我结识已久的好朋友。让我们鼓起勇气追随他们的脚步，与他们同行，实现我们自己的人生理想。

毛晓青

2022年2月

目录

◈ 国内篇 ◈

◎国外篇◎

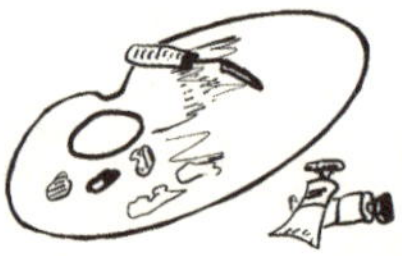

国内篇

王羲之：

学海无涯，谦虚为伴

存意学者，两月可见其成；天性灵者，百日即知其本。

——王羲之

人物档案

王羲之(约303~361),东晋书法家,字逸少,琅玡临沂(今属山东)人。出身于魏晋名门琅玡王氏。官至右军将军、会稽内史,人称王右军。后来辞官,定居会稽山阴(今浙江绍兴)。曾经和谢安、孙绰等人在兰亭聚会,写下著名的《兰亭集序》。

王羲之早年跟随卫夫人(卫铄)学习,后来草书学张芝,正书学钟繇,并且博采众长,推陈出新。他擅长隶书、草书、楷书、行书等各种字体,尤其擅长行书,笔势劲健,结字精美,富于变化。历代学书法的人经常把王羲之当成榜样,学习他的书法。

唐代僧人怀仁曾经从王羲之的书法中集字,刻制成碑文,称《怀仁集王羲之圣教序》,王羲之的行书在这里保存得最多。王羲之的真迹没有流传下来,只有后人临摹的《姨母帖》《奉橘帖》《丧乱帖》《孔侍中帖》《十七帖》《初月帖》等。

王羲之是东晋的著名书法家，自幼爱习书法，他进入官场以后，仍然保持读书写字的习惯。他喜欢边读书边抄写古文，据说他的《乐毅论》就是在他当护军将军的时候写成的。

“真厉害，写到这个程度，已经是‘王书之冠’了！”有人这么称赞王羲之的书法，大家都很赞同。

但是王羲之却说：“我还有得学呢，我还可以做得更好。”众人只当他在客气。

而当《兰亭集序》出现时，大家才知道，王羲之的话并不是客套，他的谦虚是发自内心的。其实，王羲之现在如此谦虚，和他早年间经历的一件事有关呢！

『鸭儿饺子铺』

王羲之从小喜欢写字，周围的人都夸他有天分。在经过名师指导后，他的字更是进步飞速，总有专家对他赞不绝口。

他喜欢练完字后出门散步。有一次，他走在路上，回味着刚才改良的书法，有些得意，感觉整个人轻飘飘的。

走着走着，他看到不远处围了一群人，还隐隐有香味飘来，惹得他肚子咕咕叫。是饭店吗？人这么多，看来味道不错呀！

王羲之这么想着，不觉已经走到了店门口，一副对联立马引起了他的注意，“经此过不去，知味且常来”，横匾上写着“鸭儿饺子铺”。对联的意思是，人们走到这里就不想过去，知道了这里的味道就会常来。这话说得气势十足啊！只是这字……看着呆呆的，还一点力道都没有。

就这水平，还敢写对联和匾额？王羲之撇撇嘴。不过，先填饱肚子再说吧。

王羲之走进饺子铺，只见地上支着口大锅，锅里的水正咕咕地冒泡，突然，一个个白色的东西一个赶着一个地冲进沸水中，像一只只争先的白色小鸟。这是饺子？哪儿来的饺子？他顺着抛物线看去，一堵矮墙立在那儿，这些“小鸟”就是从墙那边飞过来的。

新奇！王羲之按捺不住，立刻说：“店家，来碗饺子！”

“好嘞！”

热气腾腾的汤水里，一个个玲珑精巧的饺子，像一只只正在戏水的鸭儿，王羲之这才知道店名的由来，饺如其名，店如其名，就是这样吧，他想。

他几口吃完了一碗饺子，咂咂嘴，眯着眼睛回味，简直不能更满意。然而，当他用眼角的余光瞥见那副对联时，“啧，真碍眼！”心情瞬间不美丽了。

不如我替他们写一副吧，好字才配得上好饺子呀！这个念头一出，他有些得意，清清嗓子问伙计：“店主人在吗？”

“在墙后面忙呢！”

王羲之绕过矮墙，只见案板前坐着一位白发苍苍的老太太。老太太从面前的大面团上揪下一个个面疙瘩，用擀面杖在上头挨个儿一压一滚，转眼间桌上多了一排饺子皮。她拿起一张饺子皮，放上肉馅，“随便”一捏，“随便”一抛，这一拿一放一捏一抛……没一会儿，案板上就空了。不用想，一锅饺子已经做成了。

见老太太看过来，王羲之回过神，赶忙说：“您这功夫太厉害了！”

老太太好像听惯了这种赞美，平淡地说：“熟练了而已。”

“您这功夫练了多久呀？”王羲之问。

“五十年啦，不过我还差得远，还要继续练下去啊，练不到头的。”老太太又开始了手上的活儿。

王羲之垂下眼眸，思考起这句话。不对，我是来做什么的？王羲之一拍脑门，问起了“正事”：“老人家，您做这饺子这么厉害，怎么不找人把对联好好写一写呢？”

老太太似乎对这个问题很有兴致，停下活儿，说：“我也想找啊，只是哪里请得动呢？有的人有了点名气，就觉得自己是顶厉害的人，他们的眼睛只往上看，哪里会来看我们普通老百姓，为我们写字呢？”她又意味深长地说：“我这功夫，他们指不定看不上哩！”

王羲之感到脸上热得发烫，他大脑一片空白，憋不出一句话。他知道老太太不认识自己，不是在说自己，但这些话重重地打在了他的心上。他恭敬地说：“老人家，我为您写副对联吧，希望您不嫌弃！”

『教子有方』

王羲之的书法日益精进，名气也越来越大，因为他不仅把老师们的优点都学了来，还创造了自己独特的风格。到后来，几乎没有人会说：“王羲之的书法不行啊！”但是王羲之一直记得鸭儿饺子铺发生的事情，他总在心里告诫自己：总有更厉害的人，我也有很多需要学习的地方。但是有一回，他从自己的儿子身上，看到了曾经在饺子铺里的自己，他该怎么办呢？

王羲之到会稽(今浙江绍兴、宁波一带)做官时,他的第七个儿子王献之已经8岁了。他开始亲自教王献之书法。

王羲之首先强调了拿笔的手法和注意事项,然后让儿子开始练字。很快,他发现王献之很喜欢练字,练得很认真。有一次,他走到王献之面前,见献之在专心练字,没有发现自己,突然玩心大起,想逗逗他。

他放轻脚步,走到献之身后,试着把笔从献之手上拔走,竟然没有成功。

王羲之很激动,他觉得儿子只要好好练,一定会学有所成,于是更加用心教导他了。

王献之进步很快,听到的赞扬声也越来越多。不过,仍然会有人说:"王献之的字写得不错,但远远不如王羲之的啊!"

王献之很不服气,觉得自己的书法和父亲的差不多啊。他顾不上好好练字了,总是想着要证明自己。

有一天,王羲之准备去外地,出发前,他喝了点酒,随手在墙上写了几行字。

王羲之走后,王献之观察了墙上的字,觉得记住了,就直接把墙涂白,自己在墙上写了起来。他照着父亲的笔迹写完后,越看越满意。他心里想:这简直一样了,这下大家没话说了吧!

哪知道王羲之回来以后,看了墙上的字,长长地叹了口气:“唉——”

王献之早就在偷偷观察父亲了,见他叹气,立刻探出头,问:“怎么了,父亲?”

“我写的时候一定是喝醉了!”

这是在说字不好吗?王献之嘟了嘟嘴,不死心地问:“喝醉了能写那么好?”

王羲之指了指墙上的字:“你没发现这字太飘吗?下笔没有力道。如果不是喝醉了,我会写得这么糟糕吗?”

王献之见王羲之说得这么肯定,于是走到墙前,照着父亲的话细细观察起来,越看越明白父亲说的话是真的。明明有那么多不足,为什么原来看不见呢?王献之有点脸红,但他很快打起精神来。他重新静下心来练字,把那院子中水缸里的水,用了一缸又一缸。

王羲之看着院子里练字的小小身影,摸着胡子笑了。

你们猜,王羲之的话,是故意说给王献之听的吗?其实,他早就发现,儿子这段时间总是很得意,练字也不如以前专心。这次儿子做了一个“恶作剧”,他就“悄悄”地提出了不足。

我写的时候一定是喝醉了！

看来，儿子领悟得很好啊！

过了一段时间，王羲之路过北馆，看到一面墙前围了一圈又一圈的人。那不是一面普通的墙吗？他有些奇怪。

走近一看，只见墙上有个大字，写得龙飞凤舞，沉稳有力。他不禁赞道："这字不一般啊，谁写的？"旁边的人说："就是你们家七郎啊！"

原来，这面墙前几天刚粉刷过，雪白雪白的墙面引起了王献之的注意，他心里发痒，让人拿来扫帚，沾了泥汁就往上写。现在，每天都有很多人来围观，都夸这字写得好。

这时，反倒是王羲之"得意"地说："献之的书法大有进步啊！"（当然，这墙还是要刷回白色的。）

之后，王献之不停地钻研书法，他继承了王羲之的书法特点，但又进一步有了自己的风格，和王羲之并称"二王"。他的《鸭头丸帖》《中秋帖》等都是不可多得的好作品。看来，王献之也和当年鸭儿饺子铺的王羲之一样，知道了学习是没有止境的，永远有可以进步的地方，要认识自己，不骄不躁。

聊聊梦想

我觉得王羲之的梦想是________________________________

为了实现梦想，王羲之做了什么？

____

我的梦想是____

为了实现梦想，我已经做了什么？

____

我还要做什么？

____

小链接:《兰亭集序》的诞生与流传

《兰亭集序》,散文篇名,行书法帖,又名《兰亭序》《兰亭宴集序》《临河序》《禊序》《禊帖》,是东晋永和九年(353)三月初三日,王羲之和谢安、孙绰等41人,在山阴(今浙江绍兴)兰亭"修禊"(古代夏历三月上旬的一天,魏以后开始固定为三月三日,到水边嬉游,用来消除不祥)时所作的诗序。文中反映了东晋士人从山水自然中感悟人生的意趣,文字清隽,且有超脱与深沉之情。法帖相传之本,共28行,324字。唐朝时为唐太宗所得,被太宗推为王羲之书法的代表。太宗曾经命赵模等人勾画描摹数本,赐给亲贵近臣。太宗去世后,相传真迹随他一起入土。存世的唐朝人摹写的墨迹中,神龙本最为著名;石刻中,首推定武本。

柳公权：

笔直身正，直言劝谏

用笔在心，心正则笔正。

——柳公权

人物档案

柳公权(778~865),唐代书法家,字诚悬,京兆华原(今陕西铜川)人。官至太子少师。擅长书法,其正楷尤其出名,与颜真卿并称“颜柳”。一开始学习王羲之,后又努力遍观唐当时的名家书法,从颜真卿、欧阳询的书法中受益很多。

他的楷书骨力遒健,结构劲紧,自有风格,对后世影响很大。他的书碑很多,代表作有《玄秘塔碑》《金刚经》《神策军碑》等。另有墨迹《蒙诏帖》《王献之送梨帖跋》传世。

陕西西安碑林，一块接近4米高、超过1米宽的石碑在这里保存着。书法爱好者们见到这块碑，都忍不住惊叹，特别是“柳迷”们。

“我如果能临摹好这《玄秘塔碑》，就能把‘柳体’学好了吧。”一个“柳迷”说。

“只是照着写可没用，重要的是气质、风格。你这摹的样子很像了，可是它的骨力还欠点儿。”另一位“柳迷”说。

“真不知道柳公权是怎么写出这个味道来的。”有人发愁道。

这时，一位“资深柳迷”的发言让大家恍然大悟：“因为他的人品已经融在书法里了呀，你如果了解他的故事，自然就知道他为什么能写出这么刚劲有力的书法……”

『一谏唐穆宗』

柳公权从小就十分聪明，他12岁就能作辞赋了，“神童”的名气甚至传到了皇帝的耳朵里。柳公权还十分勤奋，他用功读书，努力练习书法，很早就能帮人写碑文了。到了唐宪宗元和三年(808，一说元和元年)，柳公权金榜题名，中了状元！但是之后的事情好像不是那么顺利了，柳公权当了秘书省校书郎（正九品上），这个芝麻小官，他竟做了十三年之久。

柳公权该怎么办呢？他倒沉得住气，升不了官，就努力读书，努力练字，十三年呢，留下的作品可多了！他还给佛寺写了好多字。比如有一次，他在佛寺中看到画家朱审画的山水画，觉得这比真山真水还吸引人，提笔就在墙上写了一首诗："朱审偏能视夕岚，洞边深墨写秋潭。与君一顾西墙画，从此看山不向南。"

怕是柳公权也没有想到，他这些年为佛寺写的字，竟然会改变他的命运。

元和十四年（819），柳公权被哥哥柳公绰的朋友李听提拔为夏州观察判官（正八品上），离开京城去赴任。第二年他又回到京城，向皇帝汇报事情。

这回，柳公权见到了皇帝。唐穆宗坐在龙椅上，见了柳公权，心想："这名字真耳熟。啊，我上次在佛寺看到的字，不就是他写的吗？写得多好啊！"于是他说："我在佛寺中看过你的笔迹，一直很想念啊！"

唐穆宗很欣赏柳公权，不过，他欣赏的只是柳公权的书法，所以没有重用他。虽然后来柳公权升了官，但他还是一名小小的侍书。

柳公权默默地做着这个小官。他好像一点都不急躁，也一点都不自卑。而且，他心里一直关心着朝廷。

有一次，穆宗问柳公权："你的字为什么能写得这么好？"柳公权说："写字运笔在于用心，心正则笔正。"穆宗听后当即变了脸色，沉默着不说话。身旁的侍臣一个个都冷汗直冒。柳公权却很坦然，仿佛做好了被惩罚的准备。

原来，穆宗当上皇帝后，经常不理朝政。他修了很多宫殿，有次宫内修的假山倒塌，竟然压死了七个工人。宫殿修好后，他经常待在宫里看乐舞杂技。他还爱举行大型的宴会，和王公大臣们饮酒作乐。朝政已经荒废很久了！柳公权想趁着这个机会劝谏他呢！一个小小的侍书，他明明知道轮不到自己对朝政"指手画脚"，但还是大胆直言！

穆宗假装没有听出柳公权话中的意思，平静地说："你说得很有道理啊，你再仔细说说。"

柳公权说："古人说：书，心画也。依臣的看法，就是说人们写的字是他的秉性和修养的表现。所以，要想笔正，就得先做到品格高尚，心地正直。只有心地正直的人，才能把笔用正啊……"

『再谏唐文宗』

柳公权在很长一段时间里没有得到皇帝的重用，却创作了大量优秀的书法作品，如《金刚经》《大觉禅师塔铭》《〈洛神赋〉十三行跋》等。唐文宗大和二年(828)，柳公权再次奉诏进入翰林院，仍然做侍书。不过这次，文宗爱书法，也重视柳公权，他任命柳公权为中书舍人和翰林书诏学士，让柳公权帮他写诏书。

柳公权很聪明，也很健谈，文宗很喜欢找他聊天。有一回，他们谈论诗文和书法，蜡烛快烧完了，宫人们想拿新的换上，文宗挥挥手阻止了。他正高兴呢，谁也别想来打断！宫人们只好在蜡烛流下的蜡油里搓上一些纸，让它能继续烧着。

唐文宗很欣赏柳公权。他让大臣们对诗，柳公权的诗句总是被他挂在嘴边反复品味。有一次，柳公权才走了三步，就作成了一首诗，诗里说，边疆的战士得到了皇帝赏赐的春衣，会更加感恩，更加勇猛地保家卫国。文宗总是为这件事骄傲："看看，我的臣子三步就能作一首诗呢！"

不过，柳公权不只会夸人，还敢于劝人。文宗在殿上和大臣们谈论节俭的事，他指着自己的衣服说："这件衣服已经洗过三次了。”大臣们连连赞叹：“皇上真节俭啊，是我们的榜样啊！”只有柳公权没有说话。

到散会的时候，皇帝把柳公权留了下来，问：“你刚才怎么一句话都没说呀？这不像你啊！”

柳公权认真地说：“刚才皇上说的是小事，有什么可说的呢？作为一个皇帝，重要的是亲近贤良的人，远离品行不好的人，听人的劝谏，有功的赏，有错的罚，这才是一个明君要做的事呀！”

又有一次，唐开成三年(838)，文宗问柳公权：“最近外面是怎么议论朝政的？”柳公权回答说：“对于郭旼到邠宁做官的事情，人们有比较多的议论。”

皇帝说：“郭旼是郭子仪的侄子，是太皇太后的叔父，以前做官的时候就没有犯过什么错，现在，他去管邠宁这个小镇，大家有什么可议论的呢？”

柳公权说：“如果看他以前的成绩的话，派他去是合适的，可是现在大家说他能得到那个职位，是因为送了两个女子入宫，皇上，有这回事吗？”

皇帝想：居然有这种事，我得解释清楚。于是他说：“那两个女子是进宫参见太后的，不是郭旼送给朕的！”

哪知道柳公权还是露出了不赞同的表情：“这有‘瓜田李

这有“瓜田李下”的嫌疑！

下’的嫌疑啊！既然会引起别人误会，为什么不避免呢？普通人家哪里知道真相啊！”

皇帝听了觉得有道理，很快让人把那两个女子送出宫，宫外人的误会也慢慢消除了。

之后，柳公权也一直关心着朝廷的事，经常向皇帝提意见，朝廷官员们越来越敬重他，他的官位也有所上升。后来，他在三品、二品的班列长达三十年之久。他的书法作品也越来越多，越来越有自己的风格，和他刚正不阿的品格、直言劝谏的行为融为一体。

聊聊梦想

我觉得柳公权的梦想是____________________

为了实现梦想，柳公权做了什么？

____

我的梦想是__________________________

为了实现梦想，我已经做了什么？

____

我还要做什么？

____

小链接：楷书四大家

楷书四大家是书法史上以楷书著称的四位书法家的合称。他们是唐朝的欧阳询、颜真卿、柳公权，以及元朝的赵孟頫。欧阳询的书法劲险刻厉，在平正中见险绝，世称“欧体”，作品有《九成宫醴泉铭》等。颜真卿的正楷端庄雄伟，气势开张，世称“颜体”，作品有《多宝塔碑》等。柳公权的楷书骨力遒健，结构劲紧，世称“柳体”，作品有《玄秘塔碑》等。赵孟頫的书法圆转遒丽，世称“赵体”，作品有《胆巴碑》等。

齐白石：

有志者事竟成

我画好看的东西，画有生气的东西。我画一个草虫都愿它生机活泼，谁又能容忍美好世界遭到破坏！

——齐白石

人物档案

齐白石(1864~1957),书画家、篆刻家,原名纯芝,字渭清,后改名璜,字濒生,号白石,别号借山吟馆主者、寄萍老人等,湖南湘潭人。

齐白石早年曾经是木工,后来结交当地的文人,学习绘画、诗文、篆刻、书法,靠为人画肖像、卖画、刻印为生。57岁后定居北京。常和陈衡恪切磋技艺,推崇徐渭、朱耷、石涛、李鱓和吴昌硕等。60岁后画风变化,重视创造,融合传统的写意画和民间的绘画表现技法,形成了独特的艺术风格。

齐白石擅长画花鸟虫鱼,笔墨纵横朴健,造型简练天真,色彩鲜明热烈,而且善于把阔笔写意花卉和微毫毕现的草虫巧妙结合。此外,他也画山水、人物。书法雄伟有力中有天真烂漫。篆刻奇特奔放,朴实厚重,单刀直下，劲辣有力。诗文有《借山吟馆诗草》《白石诗草》存世。

中华人民共和国成立后，齐白石曾任中国美术家协会主席。1953年，文化部授予齐白石“人民艺术家”称号。他的画后来不仅在各大展览会中大放光彩，在民间也广为人知，甚至被大量复制在暖水瓶、茶杯、脸盆、床单、沙发靠垫等日常用品上。

一天，著名画家徐悲鸿正在参观一个画展。他看完满墙的画，不禁摇头叹息：“这些画千篇一律，呆板极了。”忽然，角落里的一幅画吸引了他的注意，那是一幅水墨《虾趣》，画上的虾子体若透明，形态逼真，长长的触须似在晃动，宛如在水中惬意游动一般。他心中惊喜，又有些不满：“这样有妙趣的画怎么放在角落里呢？”说完，他找来展厅负责人，要求把这幅画挂在展厅的正中，和自己的《奔马图》并列。放好后，他还是不满意，上前亲自把《虾趣》的标价从8元改成了80元，还在下面注明“徐悲鸿标价”，又把自己的《奔马图》从80元降价为70元。

展厅里的众人大吃一惊，纷纷来看这幅画。有人对围过来看画的人说：“这画的作者是齐白石，是一个老木匠，他的画被人称作‘野狐禅’（野路子），你买了他的画，会败坏名声的。”徐悲鸿听到了，摇头笑道：“我要和他一起画画，还要请他当美术教授呢！”

齐白石画的蔬菜瓜果、花鸟虫鱼，哪一样不是简单几笔就活灵活现？他这样的大画家，原来还是一位木匠？还被人看不起？这真让人大跌眼镜。那他是怎么成为大画家，被徐悲鸿赞誉，之后被无数人欣赏的呢？

『放牛娃学画』

齐白石出生在湖南湘潭的一个农民家庭,家里贫穷但很和睦。他很聪明,外祖父教的《四言杂字》《三字经》《百家姓》,他都能很快掌握。

齐白石从小就喜欢画画,他在写字之余,常在纸上或地上画画。有一次,他在隔壁的同学家门前驻足很久,同学问他在干什么,他说:"在看你家门前的画。"

原来,同学家的婶婶刚生了个孩子,按照当地的习俗,产妇家的门前要挂一幅雷公神像,用来镇压妖魔鬼怪。这种神像,不需要很高明的画技,一般由乡里的画匠用朱笔在黄表纸上画成。齐白石见了,觉得好玩,想模仿着画几张,就和同学商量说:"你同意我去画你家门上的雷公像的话,我就多画一张送给你。"

同学答应了。放学后,齐白石就到邻居家门口,拿出笔墨纸砚,对着房门画了起来。可是画了半天,总画不好,因为神像上的雷公,尖嘴薄腮,怪模怪样的。

同学笑话他:"你是在说大话吧,如果你能画好,那你不就是画匠了?”齐白石不服气,他搬来一只高脚木凳,又找来一张薄竹纸,踩上木凳,把薄竹纸覆盖在画像上,把雷公像描摹了下来。

同学一看,这次的画和原像简直一模一样,便又让齐白石画了一张,拿去到处炫耀。于是,又有别的同学也来找他画雷公像。齐白石又画了几张给他们,一时间,他的画很受欢迎。经过这一回风光,他体会到了从未有过的成就感,从此,他对画画有了莫大的兴趣。

因为家里穷,齐白石只上了不到一年的学。但他在上山放牛时,总是会拿出书来看。有时,他也会拿出纸笔,把看到的花鸟虫鱼等画下来。一开始画得不像,画得多了,就越来越像。后来,他的画瘾渐渐深了,写字本都被他撕了用来画画。家里人责备他浪费,他就到处找其他纸偷偷画。这瘾看来是戒不掉了。

『小木匠的志向』

齐白石15岁那年,因为体弱多病,干不了农活,拜在本家长辈齐长龄门下做木匠,学手艺。一天傍晚,他和师傅干完活回家，走在田间的小路上。这时，对面远远走来三个人，都背着斧锯钻凿之类的家伙，一看就知道是木匠。

齐白石见是同行，也没在意。哪知道等那三个人走到身边时，齐长龄立刻垂下双手，侧着身子让到路旁，满脸堆笑地问候："师傅们好！"

而那三个人满脸傲气，其中一个微微点了下头，爱理不理地说："从哪里来？"

齐长龄立马很恭敬地回答："刚给人家做了几件粗糙的家具回来。"

另有一人带着讽刺的口吻说："赚不少钱啦？"

齐长龄赶紧回答："哪里会，做粗活能挣几个钱呢？"

第三个人这时说了："哟，还带了个徒弟？"

齐长龄的腰弯得更低了，他说："不过是一个小徒弟，刚来……刚来不久。"

然而没等齐长龄说完，那三个人已经头也不回地走了。

齐白石很诧异，等那三个人走远了，就问齐长龄："我们是木匠，他们也是木匠，师傅为什么要这样恭敬？"

齐长龄拉长了脸说："小孩子不懂得规矩！我们是大器作，做的是粗活，不是盖房子立木架，就是做些桌椅板凳、犁耙之类粗糙的器物。他们是小器作，做的是细活。他们能做精致小巧的东西，还会雕花，这种手艺，不是聪明人，一辈子也学不成的。我们做大器作的人，怎么敢和他们平起平坐呢？”

齐白石听了，很不服气，他想：“他们能学，难道我就学不成吗？”

一年后，齐白石向家里人提出想学小器作，正好白石铺一带有位有名的雕花师傅周之美要收徒弟，齐白石便去拜师。

齐白石喜欢这门手艺，学得快，学得透。他学会了周之美的绝技，还琢磨着改进了一番。19岁那年他就出师了。周之美说：“我将来要沾他的光啦！”

齐白石出师后，周之美仍然带着他外出做活。一天，周之美对他说：“我接了你的本家齐伯常的活，但是突然有事，所以向他推荐了你……”

齐伯常是湘潭的一位绅士，家里有钱，为人和善。齐伯常见齐白石聪明，手艺好，做活认真，十分喜欢他，常找他聊天。

有一回，齐白石正在雕刻一块“麒麟送子”，眼看着麒麟已经栩栩如生，他却停下活叹起气来。这时，齐伯常刚好经过，见他叹气，不禁问道：“怎么了？”齐白石说：“这祖师爷传下来的花样，不是麒麟送子，就是状元及第……人是要看腻烦的啊！”

齐伯常捋了捋胡子，明白了齐白石的心思，爽快地说：“我相信你的聪明和手艺，你想雕什么就雕吧，雕坏了不过费些木料而已。”

于是，齐白石开始用刀把想象中的新花样雕刻出来。他在花篮上加了各种果子和花木，从历史故事的插图中勾摹出人物，把平时画的飞禽走兽、草木虫鱼添入背景……每次雕完一件东西，齐伯常都大加赞赏，大家也都连声叫好。

齐白石又一次感受到了非常的快感。之后，有人请他做活，他就和主人家商量好，然后对雕刻的花样进行大胆的创新。

齐白石20岁时，跟着师傅周之美出去做活，无意中看到雇主家有套残缺的《芥子园画谱》。看了这套画谱，他才发现自己以前画的人物，不是头大了，就是脚长了；画的花草，不是花肥了，就是叶瘦了。从未有人教过齐白石画画，猛地见一本教材在眼前，他惊喜不已。

齐白石厚着脸皮向雇主借了这套《芥子园画谱》，到晚上收了工后，把薄竹纸铺在画谱上，一幅图一幅图勾影，足足花了半年时间，才把这套画谱临摹完。从此，齐白石根据《芥子园画谱》里的画，又把雕花的花样推陈出新，画的画也没有原来不相匀称的毛病了。

『从雕花匠到大画家』

齐白石在做雕花匠的同时，也经常画画，在白石铺一带有了名气。在他27岁那年，有一天，他正在雕花，突然听说有位寿三爷要见自己。

这位寿三爷名胡自倬，号沁园，是个有名的财主，也是个有名的文人。他对齐白石说："我常听人说你很聪明，又能用功，我看到你的画了，可以培养！"他又问齐白石："你愿不愿意再读读书，学学画？"

齐白石说："我是很愿意读书学画的，只是家里穷，读不起书，学不起画。"

胡沁园立即说："怕什么！你要有志气，可以一边读书学画，一边靠卖画养家。"他又说："你是读过《三字经》的！'苏老泉，二十七，始发愤，读书籍'，苏洵苏老泉27岁时才开始下决心努力读书，后来成了大学问家。你今年也27岁，为什么不学学他呢?”

齐白石听了,心里感动,拜了胡沁园为师学画,又跟着胡家聘请的陈少蕃夫子读书。

在胡沁园的帮助下,齐白石脱离了木工生活,开始卖画养家。他不断地拜师访友,钻研绘画,终于创造了自己独特的艺术风格,名声越来越大。后来,他也当了很多人的老师,娄师白就是他的学生。

一次,娄师白听了老师的话,买了几只蟹回家。他得意扬扬地对齐白石说:“老师,这蟹可是我精挑细选的,绝对肥!”

然而,齐白石没说什么,只是让他把每只蟹的腿都捏一捏。

娄师白疑惑,但还是认真捏了捏。

“什么感受?”

“有的蟹腿硬,有的蟹腿瘪。”

齐白石点点头说:“古代的人画蟹,常常重视蟹钳,忽视了蟹腿;而我画蟹,主要是画好蟹的腿爪。”他捏了蟹腿接着说:“买蟹不要只看大小,要捏一下蟹腿,腿硬就是肥蟹,腿瘪就是瘦蟹。”

于是,娄师白在纸上画了一条蟹腿。齐白石看了,问:“蟹

把每只蟹的腿都捏一捏。

的腿爪是圆的还是扁的呢?”

娄师白又仔细捏了下蟹腿,原来是又扁又鼓的,有棱角,但也饱满。他有了信心,这次在纸上画了一只完整的蟹。

齐白石端详片刻,意味深长地说:“蟹是横着爬的,还是前后爬的呀?”

娄师白立刻说:“当然是横着爬的!”

“你没有画出横行的姿态,再仔细看看蟹腿是怎么活动的。”齐白石指点道,“八条蟹腿的活动,就和人的四肢一样,左边伸了,右边就屈了,反过来也一样。不过,也不能死用这个规律,不然会失去它生动的神态。”

娄师白恍然大悟。等他把蟹爬的样子画得自然了,齐白石又说:“蟹腿上不是有毛吗?”

于是,娄师白又开始了更仔细的观察……

精益求精的观察、创作,正是齐白石长年累月做的。

齐白石60岁以前画虾,主要是模仿古人画虾的技法。

62岁时,他认为需要细心观察、写生,就在画案的水碗里养了数只活虾,每天观察。这时他画虾,虽然有了创新,但还是侧重追求外形的相像。

66岁时,齐白石画的虾已有质的飞跃,略有神似:虾的腹部节与节似连非连，像能蠕动，长臂钳分出3节，虾的后腿从10条减少到38条。

68岁时，齐白石画虾又进了一步。通过观察，他发现虾在游动时两眼外横，就把虾的眼睛改画成横笔；他发现在虾的头胸部分加一笔浓墨，能表现白虾躯干透明；而且在画虾腹部的小腿时，从8条改画成6条，78岁时又减到5条。

而他80岁以后画的虾，体态精确，透明的虾体富有弹力，在水中浮游的动势似是活虾附身。这正是因为他长期观察，使虾形似；又不断创新，不断提炼虾的重要特征，删繁就简，将虾的神情活灵活现地展示在人们眼前。也正因如此，比起池塘里的虾，人们更爱齐白石画的虾。而正如画虾几十年创新求变，齐白石一生都在追求创新、追求进步，最终，“木匠”齐白石被世人认可、喜爱。

聊聊梦想

我觉得齐白石的梦想是________________________________

为了实现梦想，齐白石做了什么？

____

我的梦想是________________________________

为了实现梦想,我已经做了什么?

____

我还要做什么?

____

小链接：中国画教科书《芥子园画谱》

《芥子园画谱》是清代沈心友和王氏三兄弟（王概、王蓍、王臬）所编的画谱。因为沈心友的岳父、清代著名文学家李渔曾在南京营建别墅“芥子园”，又经营了“芥子园书铺”，资助了画谱的出版，因此画谱以“芥子园”命名。这部画谱系统地介绍了中国画的基本技法，通俗易懂，适合初学者使用，广为流传。许多成名的艺术家，如齐白石、潘天寿、陆俨少等，初入门时，都将这部画谱作为启蒙教科书。

梅兰芳：

敢于尝试，才有突破

艺术是无止境的，而且是不进则退的。

——梅兰芳

人物档案

梅兰芳(1894~1961),京剧演员,名澜,字畹华,原籍江苏泰州,生于北京。出身于京剧世家。8岁学戏,10岁登台,演青衣,兼演刀马旦。早年曾演《一缕麻》《邓霞姑》《童女斩蛇》等时装戏。

在长期的舞台实践中,梅兰芳对京剧旦角的唱腔、念白、舞蹈、音乐、服装、化妆等各方面都有创造发展,形成了一个独具风格的艺术流派,影响很广,世称“梅派”。他和荀慧生、尚小云、程砚秋并称“四大名旦”,擅长演《宇宙锋》《贵妃醉酒》《霸王别姬》《洛神》《游园惊梦》等剧。

梅兰芳曾经先后到日本、美国、苏联等国进行文化交流,抗日战争期间留居香港、上海,在敌伪的统治下坚持民族气节,蓄须拒演。中华人民共和国成立后,任中国京剧院院长、中国戏曲研究院院长、中国文联副主席、中国戏剧家协会副主席等。著有《梅兰芳文集》《梅兰芳演出剧本选集》及自传《舞台生活四十年》。

1930年，美国好莱坞，在一个高级宴会上，一个男人的出现引起了大家的注意。他没穿礼服，衣着破旧，正握着一个人的手大声说："我终于见到你了！"

这个人是著名的英国喜剧大师卓别林，在场的人中有好多都是他的粉丝，想上前和他打招呼。但是现在，他在为自己的"无礼"造型道歉，他说："我实在不敢换衣服，因为怕一耽误，就见不到你了，所以，只能穿着电影里的衣服来了。"

这个让卓别林"无礼"的人是谁呢？原来，他就是这场宴会的欢迎对象——梅兰芳。

梅兰芳是中国的京剧演员，之前，可没有中国演员到过好莱坞呀，他为什么在，还很受欢迎？

20世纪初期，很多欧美人士虽然在中国，却不看京剧（当时中国最流行的戏曲）。然而，梅兰芳让他们改变了。1915年，梅兰芳创演了新戏《嫦娥奔月》。在这出戏里，他对京剧旦角的传统服饰和舞蹈唱腔都做了大胆革新，北京城的观众沸腾了，说是"万人争看说梅郎"也不为过！不久，在一次宴会上，美国驻华公使芮恩施看到了这出戏，感叹不已："这就是梅兰芳吗？这就是京剧艺术的魅力吗？"第二天，他立刻拜访了梅兰芳。

之后，梅兰芳的演出成为招待外国客人不可缺少的节目，很多外国朋友成了梅兰芳的戏迷，还有不少名人来拜访他。

而芮恩施在离别中国时的宴会上说：“如果想让中国人和美国人的关系更加亲近友善，最好请梅兰芳去美国，表演他的艺术，这样一定会有好的结果。用艺术来沟通两国的友谊，是最容易的。”

这句话启发了梅兰芳和他的朋友们，一个20多人的梅兰芳剧团组建起来，准备到遥远的美国去。在朋友的帮助下，他们花了很多年时间筹集经费，冒着破产的危险到美国演出。没有想到，演出大获成功。他们在美国各地共演出了72天，到旧金山时，好几万群众赶到车站迎接他们。

“梅先生做每一个动作看起来都像个女人……值得注意的，是他在表演中表现出来的优雅。”这是对梅兰芳的赞美。

“中国戏剧，在不用实体布景和道具方面超前了我们好几个世纪，他们凭借想象力，只用一些动作就可以表现场景和行动。”这是对中国戏剧有了一定了解后的评价。

梅兰芳火在美国，也火在日本、苏联等国。外国人通过他了解了中国的京剧，了解了中国的旦角。

梅兰芳尝试着去外国交流艺术，虽然有风险，有困难，但也有收获。他的一生都在尝试进步，因为这样才有突破的可能。

『精修《贵妃醉酒》』

梅派是梅兰芳创立的，是中国影响最大的京剧旦行流派之一。梅派流传到现在的代表剧目有很多，《贵妃醉酒》就是其中之一。可你知道吗？我们今天看到的《贵妃醉酒》，是梅兰芳花了几十年时间改成的。

在梅兰芳跟着老师学了《贵妃醉酒》后，他的戏单上就经常出现这出戏。观众很喜欢，可是他演得不畅快。

有一次，梅兰芳正在排演《贵妃醉酒》，他盘腿侧躺下，脸朝上，凤冠上的珠子居然直起直落，一点儿都不乱晃。身边的人看了都拍手说："好看！好看！"

但是，梅兰芳站起来后，却怀疑地说："好看是好看，但做这个动作干什么呢？跟剧情有什么关系呢？"

原来，梅兰芳刚刚做的，是京剧里的绝活儿"卧鱼"。而这里的剧情，是杨贵妃想去闻几盆花。为什么在这里，不闻花，要做卧鱼的动作呢?

每演一次,他心里就多几分困惑,这样莫名其妙地演了好几年。终于有一天,他心中的困惑解开了!

那是在香港的公寓里,公寓前的草地上种了不少花。梅兰芳看它们又美丽又可爱,就随意地俯下身闻了一下。旁边一位朋友看见了说:“你这样子倒很像在做卧鱼的身段。”朋友是用开玩笑的语气说的,梅兰芳却记在了心里。他想:卧鱼不是可以做出闻花的意思吗?

说改就改,梅兰芳把卧鱼的动作改成闻花的样子,这虚拟的动作做得活灵活现,引得人大声叫好!但过了一段时间,他又觉得不对劲,有两次的卧鱼身段完全一样啊,太呆板了!

他想啊想,终于想到,闻花的动作也可以不一样呀!其中一次,如果改成蹲下身,慢慢攀下花枝闻,不是更灵动吗?

有朋友说:“这左右两面都隔着水袖攀花,不过瘾呀!”

梅兰芳觉得有理,左边用水袖,右边露出手来做,这样手的动作就能起变化,于是,改!

一次演出,演到“闻花”这个身段,梅兰芳差点摔了个跟头!原来是踩着宫装的带子了。

给梅兰芳拉胡琴的姜凤山说:“您再演的时候,先用脚画

花呢？
只有我看不见吗？

开一个圈，知道没踩着什么了，再往下蹲。”

梅兰芳听了很高兴，有用啊，改！

之后的每次演出，他都做一些改进，到后来，卧鱼由三次改为两次，更加精炼；观众们仿佛真的看到了花被攀下来，又弹了回去的情景，大呼过瘾！

然而，我们看电影《梅兰芳的舞台艺术·贵妃醉酒》(1955年北京电影制片厂拍摄)，会发现梅兰芳并不是这个演法。

拍摄时，导演说：“兰芳，我们现在拍特写镜头，你攀完花后，能把花折下来吗？然后……”

最后电影里的镜头是这样的：杨贵妃有点儿醉了，她攀下花枝闻花，忍不住把花掐了下来，然后慢慢站起；她边闻花，边轻摇慢晃往后退，一路陶醉；之后，她轻轻把花往身后一扔……

贵妃的情感更丰富了！于是，在之后的舞台演出中，梅兰芳也开始这样做。

不只如此，每一个细节，梅兰芳都有自己的考量。比如：

他说：“我在入座时有个小身段，就是用手扶桌子，把身子略略往上一抬。”

原来，这是因为贵妃娘娘身份高，座位要高一些。

学生问:“这您是怎么想到的?”

梅兰芳说:“我是从唱花脸的黄润甫老先生那儿学来的。我看他有一次演曹操,曹操是老大,他坐下时就是把身子往上一抬,说明坐的位子比较高。哈哈,你们没猜到吧?”他又说:“台上各种角色的身段,都离不开现实生活,只要做得好看合理,相互间都能学习运用。所以你们学唱旦角,所有戏都要看。”

又有一次,排到一场戏,杨贵妃喝醉了酒,扶着桌子慢慢蹲了下去。

然而,梅兰芳蹲了下去,又立刻站了起来。

他对扮演太监、宫女的人说:“你们看着贵妃娘娘喝醉了,怎么没有动作和表情呢?”

后来,这一幕就改了:贵妃娘娘蹲下去,好像要跌倒啦,身边的太监、宫女一惊,想过来扶,但贵妃娘娘对他们微微一笑,摇了摇头,自己挣扎着站了起来,好像在说:“我没有醉。”

这么改,不是更真实吗?

就这样,一次次尝试,一次次改进,梅兰芳用几十年的舞台生涯,塑造了一个越来越鲜活的杨贵妃。

『创演时装戏』

梅兰芳的大本营在北京,但他经常去外地演出。每次外出,他都觉得自己看到了新东西,有了新收获。比如,他开始思考:戏曲只能演古代的故事,不能演现代的生活吗?于是,他有了一个大胆的想法:创演时装戏!

《童女斩蛇》就是梅兰芳创演的时装戏之一,它的背后还有这样一个故事。

有一年7月,梅兰芳到北京西山的潭柘寺游玩,在寺里住了几天。这天,雨后初晴,天气很好,住持和尚来找梅兰芳,对他说:“您难得到我们寺庙来,我因为有事,今天才回来,现在陪您到大殿上看看吧。”

于是,两人一边走,一边聊天。到了一个墙角处,住持突然指着一个小龛(供奉神位、佛像等的小阁子)说:“您是福大命大的人,真是造化不小,您看二青爷,正在这儿呢,没有佛缘的人是见不着的。”

梅兰芳抬眼一看,只见那佛龛上盘着一条草绿色的小蛇,龛里有一个金字牌位,上面刻着“大青爷二青爷之神位”。住持兴致盎然，眼巴巴看着梅兰芳，等他问它们的光辉历史，可梅兰芳什么话也没说。

住持没有办法，只好陪梅兰芳走出了大殿。

到了“玉兰院”，住持又请梅兰芳坐下，叫人端上茶。他神秘兮兮地拿出一张八寸的照片，说：“您瞧！这是二青爷现身的照片。您别看刚才二青爷的身体那么小，他可是说大就能大。”

梅兰芳差点要笑出来。原来，照片上是潭柘寺的大殿，大殿前站着很多和尚，而大殿的脊上绕着一条比柱子还要粗几倍的大蛇。梅兰芳想：像我们会照相的人，哪里看不出，这是在底片上捣了鬼呢？

原来，寺庙靠着这个传说骗人，一时间香火很旺盛。他们吃了甜头，经常拿小蛇骗人。有时候找不到青蛇，竟直接找了条别的颜色的蛇，就说：“今天二青爷换了衣服啦！”

这个故事被梅兰芳记在了心中的“小本子”上。那个年代，这样的怪现象很多，被骗的人也很多。那能怎么办呢？梅兰芳想，创演时装戏也许能发挥作用！他把自己听到的、看到的这些事都记下来，打算排一出戏，破除封建迷信！

1917年秋天，天津发了大水，市区的街道上都能开小船了，甚至有些地势比较低的地方，从楼窗里出来就能上船。居民们在这次水灾中损失惨重。

靠近天津的一个村子里就有人说，水灾发生，是因为得罪了“金龙大王”；而只要信奉“金龙大王”，就能免受水灾，还能治病。当时的很多人信了这件事，不仅花钱去烧香许愿，得了病还不看医生，去找“金龙大王”求治病的方子。

这绝对是封建迷信啊！有人根据这件事情，写了一个剧本，名叫《童女斩蛇》。这不就是破除迷信的好机会？他对伙伴们说：“我决定编排这出戏，请大家加把劲！”

《童女斩蛇》的故事是这样的：

福建出了一条大蛇，有人造谣说是“金龙大王”下凡。每年8月，县令都要用童女祭蛇。这一年，李诞的女儿李寄娥被选为祭品。她藏了匕首，通过聪明才智把蛇斩了，还把设局骗人的何仙姑抓了起来，送到了官府。

这出戏演出后，听说比传统戏剧还受欢迎。故事听起来很简单啊，怎么那么受欢迎呢？

其实，剧中的每一个情节都是精心安排的。比如，梅兰芳说：“我们得把骗人的手段好好演出来，让大家明白，这种谋财害命的黑幕是怎么来的。”所以，有一场何仙姑和徒弟的对话就很精彩。徒弟问:"为什么用童女不用童男呢?"何仙姑说:"因为从童女身上可以骗来首饰呀……世上哪有吃人的妖怪呢? 不过是为了骗几个钱。"

还有,衙门的人给了李寄娥的爸爸妈妈五十串钱作为补偿,然后把李寄娥领走去当祭品。他在台上对观众们说:"其实本来的补偿没这么少,这不,我得拿点呀。各位别笑,这事儿,您还见得少吗?"这不就是在说贪官吗? 有的老百姓听了这戏,想到自己因为贪官受的苦,都议论了起来。

《童女斩蛇》里,很多都是原来剧本没有的内容,梅兰芳花了很大功夫改编剧本,甚至在造型、唱腔、表情等很多方面都细细调整,就是为了给观众留下深刻的印象,让观众从戏中知道点什么,领悟点什么。

梅兰芳说:"有人说,这些针对社会现象的时装戏,是应季的菜肴、水果,很快会过时,哪用花什么力气呢? 这错啦! 按节令上市的菜肴、水果,一定要让顾客吃得鲜美可口,时装戏也要花更多的劳动来争取时间,满足观众的要求。"

梅兰芳排演了好几部时装戏,都很叫座,影响很大。然而,《童女斩蛇》却是梅兰芳排演的最后一部时装戏。一方面,他觉得自己年龄增加,演时装戏里的年轻女孩不是特别合适了。另一方面,他在尝试后发现,用京剧表现现代生活还不能完全展现戏曲的魅力,还需要想办法。

那这次“大胆的尝试”是失败了吗?梅兰芳说,他当时下决心排时装戏,从来没有考虑过成功和失败的问题。

他只是尽己所能,把戏变得更好一点。就像他对《贵妃醉酒》的一次次改进,有更好的可能,为什么不试试呢?敢于尝试,才有突破呀。

聊聊梦想

我觉得梅兰芳的梦想是________________

为了实现梦想,梅兰芳做了什么?

____

我的梦想是________________

为了实现梦想,我已经做了什么?

____

我还要做什么?

____

小链接：京剧旦角的各种类别

京剧生、旦、净、丑四大类角色中，扮演女性人物的是旦角。旦角根据所扮人物的年龄、性格和社会地位的不同又划分为若干专行。正旦又称“青衣”，由于所扮人物大都穿青色褶子而得名，主要扮演庄重的青年或中年妇女，表演上着重唱功。花旦扮演天真活泼或放浪泼辣的青年妇女，表演上着重做功和念白。刀马旦扮演擅长武艺的巾帼英雄，武打大多表现马战，不用特技“打出手”（抛、掷、踢、接等特技表演），表演上又重唱功又重舞蹈。武旦扮演勇武的女性人物，表演上着重武打，特别是使用特技“打出手”，多在神话剧中扮女仙或女妖，也扮演女将和女侠。以前的武旦表演时还必须踩跷。老旦扮演老年妇女，扮相、身段、台步等都要突出老年人的特点。

20世纪20年代后，以王瑶卿为代表的京剧旦角表演艺术家们把青衣的唱功和花旦、刀马旦的做功结合。梅兰芳继承了王瑶卿的思想，进一步发挥，完成了王瑶卿没有完成的工作，融青衣、花旦、刀马旦于一体，使唱、念、做、打并重，形成了比青衣开放、比花旦收敛的“花衫”表演路数，比如《霸王别姬》中的虞姬、《天女散花》中的天女都不是传统的青衣，而是花衫。

田汉：

古道热肠“田老大”

我最爱的是真挚的人。我深信“一诚可以救万恶”这句话，有绝对的真理。

——田汉

人物档案

田汉(1898~1968),剧作家、诗人,原名寿昌,湖南长沙人。1916年到日本留学,1919年参加少年中国学会,1921年和郭沫若等人组织创造社。1922年回国,1926年后在上海创办南国电影剧社,1927年改组为南国社,致力于以话剧创作演出为主的新艺术运动。1932年加入中国共产党,任中共上海中央局文化工作委员会委员,同时创作话剧、歌剧和电影剧本。中华人民共和国成立后,历任中国文联副主席、中国剧协主席,文化部戏曲改进局局长、艺术事业管理局局长等职。

田汉毕生献身于革命的文化艺术事业,是中国话剧的开拓者,戏曲改革运动的先驱和中国早期革命音乐、电影的组织者与领导人。他的创作以具有鲜明的时代感、强烈的革命激情和积极的浪漫主义精神著称。

他写有话剧、歌剧、戏曲、电影剧本100余部，主要有《咖啡店之一夜》《获虎之夜》《名优之死》《丽人行》《关汉卿》《文成公主》《白蛇传》《谢瑶环》等。他还写有大量诗歌和歌词，其中经聂耳谱曲的《义勇军进行曲》极大地鼓舞了全国人民的抗日斗志，后来被采用为中华人民共和国国歌。田汉生平著述很丰富，有《田汉文集》16卷流行于世。

“为什么大家叫你田老大？”毛泽东问。当时，毛泽东正在和田汉讨论戏曲工作，他问这个问题，是因为经常听到别人这么称呼田汉，他实在太好奇了。

田汉一时没想好怎么回答，他身边的朋友就接话说：“在我们这些人当中，他的年岁大，所以大家都尊称他老大。”

戏剧界那么多艺人尊称他为“田老大”，哪里只是因为年纪大呢？他们被吸引到田汉身边，把他当成可以信赖的带头人，究竟是因为什么呢？

『关心朋友』

戏剧家郑亦秋说：“田汉是我的良师益友。”

1941年开始，郑亦秋参加了田汉领导的文艺歌剧队，在桂林，和田汉一起从事抗日救亡宣传的演出。他们成了好朋友。郑亦秋经常受田汉的照顾、指导。他和大家一样，常称田汉为“田老大”。

一次，郑亦秋要离开桂林去江西，买了晚上七点的火车票。

下午，郑亦秋准备在街上逛逛。

路过三明戏院时，有个学生找来，冲他说："田先生正在找你呢！"

话音刚落，只见田汉和几个人向他走来，说："走，走，咱们去看画展。"

郑亦秋和大家看完画展，田汉又热情地拉着他一起吃饭。

几个人在一家饭馆坐下来，点了几个菜，就开始谈画的事。郑亦秋开始看表了，左看右看，心里总想着上火车的时间。

田汉知道郑亦秋买了晚上七点的火车票后，就问："你今天就走？有什么要讲的或要办的？"

话没说多久，服务员端上来一盘辣牛肉干。田汉直接找来一张报纸，把这一盘辣牛肉干倒在纸上，随口说："你路上带着吃，湖南的辣牛肉干蛮有味道！"

他们这一分开，直到1949年中华人民共和国成立才重新见面。见面时，郑亦秋的第一句话就是："还记得当年那盘辣牛肉干吗？"回忆起这件事，大家都笑了起来。

田汉和京剧表演艺术家周信芳也是好朋友。

20世纪60年代，某一年除夕的前一天晚上，已经很晚了，上海戏改协会只有一位值班同志还没有睡下。他正打瞌睡

你路上带着吃，湖南的辣牛肉干蛮有味道！
还记得当年那盘辣牛肉干吗？

呢,突然被一个电话惊醒。

只听他恭敬地应了几声,挂了电话后就往领导房间跑。

领导披着棉大衣开了门,问:“什么事?”

值班同志说:“田汉局长(田汉当时担任文化部戏曲改进局局长)刚刚打来电话,说他到上海北火车站啦,请我们派车去接!”

领导摸不着头脑:“他有说来做什么吗?”

值班同志也一脸懵:“我没仔细问,就急着来告诉您。”

领导也来不及多说了,马上开车往上海北火车站跑。他虽然不知道田汉来干什么,但田汉能来上海,他非常高兴。

“田局长,欢迎您来到上海。不知道您这次来有什么事?”

田汉有点不好意思,但整个人喜气洋洋的:“快过年了,信芳的爱人和孩子们都不在身边,他一个人在上海过年太寂寞了,我特地来陪他,与他共度除夕的。”

戏改协会的领导知道田汉和周信芳交往的故事,听了不禁感慨:“你们不愧是几十年的生死之交呀!”

『帮助艺人』

田汉不仅对朋友们诚挚、热切，艺人们遇到了困难，他也会尽力帮忙。

抗日战争时期，田汉曾经在广西桂林工作。那时，他的生活很清苦，家里常常没米下锅，全家七口人都靠他一支笔养活。

一天，田汉要去剧团指挥排练，出门时，弟媳妇陈绮霞追上来说："大伯，家里没米啦！"

田汉说："我去领稿费，买米回来。"

然而等他回到家，进门迎上弟媳妇期盼的眼神时，他却"哎呀"一声，说"忘了"。

原来，他领完稿费后先去剧团工作。一到剧团，听说艺人们连稀饭都吃不起，就连忙从口袋里掏出"新鲜出炉"的稿费，一把塞到团长手里。然后，他就没事人儿一样去和艺人们说戏去了，不知不觉就把家里买米的事给忘了。

还有一回，一位艺人着急得直跺脚，田汉看到了，就上前问他有什么事。

原来，这位艺人急需一笔比较多的钱，他想不到办法，正坐立不安呢!

田汉听了,也替他着急,但面上仍然沉着地安慰说:“不要着急,你在这里等一等,我出去帮你想想办法。”

过了一阵,田汉一阵风似的冲了回来,兴高采烈地递给这位艺人一包东西。艺人打开一看,这沉甸甸的包裹里竟然是两百块银圆!

这样的事情太多了,当时文化界、戏剧界的人基本都听过这些事。有的艺人因为田汉吃上了饭,直到很久以后都在说:“田老是对我们唱戏的最好的人。”

有人说:“你们运气真好,有困难时刚好碰上田汉。”

哪里是刚好呢?

中华人民共和国成立后,田汉担任戏曲改进局局长、戏曲实验学校校长。为了戏曲实验学校,田汉经常到戏曲名家那里拜访,请他们出来做教授。很多教授都是田汉亲自上门请出山的。

1949年10月,戏剧家马少波偶然听说京剧名演员刘喜奎隐居在北京,他就把这事告诉了田汉。田汉一听,非常关心,他说:“我们一定要把她找到。”

可是,戏剧界没有人知道刘喜奎住在什么地方呀,他们可以说是毫无线索。

直到后来，京剧表演艺术家尚和玉先生说："她前些年跟我学过把子（戏曲演员武戏的基本功），我记得她住在东城。"

东城多大呀，不过好歹有了线索。

田汉就和马少波一起到东城公安分局查户籍簿，找"刘喜奎"这个名字，但怎么也找不到。

两人都很失望，不过他们没有放弃。

有一天，马少波灵机一动，对田汉说："她既然隐居，会不会隐姓埋名，不用'刘喜奎'这个名字了？"

田汉一拍大腿，说："她的丈夫不是姓崔吗？我们去查'崔刘氏'（旧时对已婚妇女的称呼，通常在父姓前再加夫姓，称某某氏）！"

这一查，发现东城区有17个"崔刘氏"，于是，他们开始挨家挨户查。当他们走进安定门内谢家胡同的一间小土房时，这已经是他们找的第7个"崔刘氏"了。而这回，他们见到了刘喜奎。

小土房里非常简陋，一眼望去，穿的用的都很少，而吃的，更是几乎看不到。

田汉瞬间心酸了，这位抗战时期拒绝去日本演出，又为中国灾民们捐献了大量财产的艺术家，过得竟然如此艰难。

田汉说："刘先生，我请您当戏曲学校的艺术委员，享受教授待遇。"

刘喜奎被田汉接出来后，住进了西城新居，每个月能拿价值1000斤小米的酬劳。

这位名演员，也因此能在之后，给小朋友们传授了不少自己的本领。

如果不是田汉主动寻找刘喜奎先生，她能获得帮助吗？艺人们困难的时候，恰好碰上田汉，也是因为田汉有一颗诚恳助人的心，他们才能获得帮助呀。

而田汉，也因为他的诚挚、热切，收获了对等的回报。

我们知道，有一段时间，田汉家的经济情况也不好。弟媳妇陈绮霞负责照顾家里的生活，可以说是"巧妇难为无米之炊"。为了不影响田汉写作，除非太着急，一般没油了，没米了，或者没钱了的时候，她都悄悄跟别人借，等田汉有了稿费再还给别人。

然而，这种方法不能完全解决问题。这不，有一年大年三十，田汉一家竟然没米过年！

一家人难道要在大年三十的晚上饿着肚子干瞪眼吗？

没事，晚上就什么都有了。

关心田汉的朋友们很快知道了这件事。先是戏剧家欧阳予倩马上送来了钱，还从家里带了一些米、油。接着，戏剧家洪深、杜宣和好多朋友都送来了东西，吃的、穿的、用的，什么都有。新中国剧社还送来了一盏玻璃灯，田汉家里原来的那盏桐油灯终于可以“下岗”了。

田汉一家不仅还了债，还过了个好年。晚上，一家人惊喜地吃上了热乎乎的饭菜，田汉笑着对家人说：“古话说，贫居闹市无人问，富在深山有远亲。没想到我身居闹市，可来问的人还不少哩！看来这句古话也不是很对。”

『为民请命』

1944年的一天晚上，广西桂林的“国民大戏院”里，上千个人挤坐在一起。这天晚上，西南剧展开幕，先是戏剧家欧阳予倩先生报告了这个剧展的筹备经过，之后国民党宣传部部长张道藩讲话，最后，田汉走到了台前，他的讲话感动了在场的戏剧人们。

田汉掏出了一份戏剧工作者的名单，这些都是抗战以来牺牲的戏剧人。他当着张部长的面呼吁：“请政府爱护戏剧工作者,给予他们工作上的方便!”

他就是这样为戏剧工作者们奔走呼号。剧展以后,日本侵略者疯狂进攻,戏剧人们和众多百姓一样,开始从湖南、广西撤退。田汉他们逃出了广西桂林,露宿在山林野地里,随着长长的人流步行到了贵阳。田汉到了贵阳后,就到处奔走宣传,争取帮助,好些穷苦的戏剧人疲惫不堪,又缺衣少食,在田汉的帮助下终于能在“文化人招待所”住下。田汉还帮他们从“社会救济处”领来了饭票。

1956年,田汉是中国戏剧家协会主席、全国人民代表大会代表,他回到湖南、广西视察工作。

在湖南长沙视察的时候,一次,他和弟弟田洪、弟媳妇陈绮霞在饭馆吃饭,饭馆旁边有个“群众清唱社”,清唱社的负责人听说田汉兄弟在这里,就立刻找来了。负责人说:“清唱艺人的收入太低了,艺人生活比较困难,我们想买一些服装、头面什么的,但没有钱啊!”

田汉聚精会神地听负责人说话,又详细地问了他们的情况。

他听完以后,想了想,说:“你们把这些情况写下来,写成一个报告,然后提交给剧协。”

报告交上去了。第二天，中国戏剧家协会就批下了三百元，让田洪送过去，田汉的弟媳妇陈绮霞还把自己的化妆镜盒和头面送给了这个清唱社。

之后，田汉到广西桂林视察，发现这里的艺人们穷困的情况和长沙一样。

桂剧（广西地方戏剧）的名演员玉芙蓉住在一个小店的过道上，没有房门，木板墙外面就是别人的床铺，这些床都紧紧挨着。田汉去访问时，她正在吃午饭。田汉看着她的菜愣了很久，只有一样菜——辣椒粉拌苦菜叶。还有一位老艺人已经66岁了，有肺病、风湿病，不能工作，剧团的同行有义气，每个月拿出一些钱养着他……

这样的事情很多，都发生在田汉的眼皮子底下，他再也没有办法保持沉默了。

《必须切实关心并改善艺人的生活》发表了，田汉列举了大量他看到的事情，直接提出了自己的看法："要使老艺人能够得到适当的安养照顾，把他们的才能经验传给后一代。"

田汉在上海召开演员座谈会，发现了好多女演员的困难。他说："每天的宝贵光阴消耗在按时上班看书，看报，聊闲天，开没有完的无谓的会，干业务外的一般琐碎工作。古人说'拳不离手，曲不离口’，五六年脱离实践，好演员也变成外行了……”田汉为她们的情况忧虑，写下了文章《为演员的青春请命》。

两篇文章都在“为民请命”，在社会上引起了广泛的关注。田汉看到艺人们的情况，是真担心他们，关心他们，他也想帮他们解决问题。可是，只靠他一个人的力量是不够的，所以，他把这些情况写成文章，大声地告诉社会，奔走呼号！

古道热肠的“田老大”，用自己真挚、热情的心关心朋友们，帮助艺人们，他还想尽办法呼吁其他人帮助有困难的人。所以，大家这么爱他呀！

聊聊梦想

我觉得田汉的梦想是________________

为了实现梦想，田汉做了什么？

____

我的梦想是________________

为了实现梦想，我已经做了什么？

____

我还要做什么？

____

小链接：田汉的戏剧事业

田汉对戏剧创作一直是热忱、真挚的。他经常到戏院亲自指导演员，又广泛听取演员们的意见，认真修改剧本。如在1942年，田汉创作湘剧《新会缘桥》时，几乎每天都到戏院去，不管场子多么喧闹，他摊开纸、拿起笔就写戏。有时候写出一段唱词，就叫演员去试唱，他们一起商量着修改。有时，他还会和乐队一起，一边哼着高腔，一边用手打板，唱到满意时就哈哈大笑。

田汉不仅对自己创作的剧目热心，同时也关注着其他剧目。如在1959年，他看完梅兰芳的《穆桂英挂帅》后，立刻热情地给梅兰芳写了封信，提出了自己的修改意见，请梅兰芳参考。

田汉对戏剧事业始终保持真诚、热情，为中国的戏剧创作、戏剧活动做出了重大贡献。

丰子恺：

漫画里的温情

教养孩子的方法很简便。教养孩子，只要教他永远做孩子，即永远不使失却其孩子之心。

——丰子恺

人物档案

丰子恺(1898~1975),画家、文学家、美术和音乐教育家,浙江桐乡人。早年跟着李叔同(出家后号弘一,世人尊称他为“弘一法师”)学习绘画、音乐。1921年去日本游学,回国后在上海、浙江、重庆等地从事美术和音乐教学,并开始创作漫画。

丰子恺的漫画,早期多揭露社会黑暗,后期多为古诗词新画,并且常以儿童生活作为题材;造型简括,画风朴实,受清代画家曾衍东(七道士)和日本画家竹久梦二的影响较大。

中华人民共和国成立后,丰子恺任上海中国画院院长、中国美术家协会上海分会主席。作品有《丰子恺漫画全集》《护生画集》等,另有著作《音乐入门》等,以及译著《源氏物语》《猎人笔记》等。丰子恺还擅长写散文,文笔隽永清朗,语淡意深,有《缘缘堂随笔》等存世。

丰子恺的漫画中，经常有他孩子们的故事。

这天，丰子恺的大儿子瞻瞻（丰华瞻）一会儿拿着两把蒲扇玩，一会儿又玩起妹妹平时坐的小车，边玩边喊："爸，爸，你看我的车！"

丰子恺笑着说："哦，原来是瞻瞻的脚踏车、黄包车（也叫人力车）啊！"

瞻瞻又得意地跑起来。

"多带劲呀！小心别弄坏了扇子。"大人们笑着说，"孩子们就喜欢模仿，看见大人们干什么，他们就干什么。"

丰子恺却觉得，这哪里是单单的模仿呢？看瞻瞻，把两把扇子往胯下一夹，多么像两个车轮。再把放妹妹的小车翘起倒转过来，多么像在拉黄包车。这不是创造吗？孩子们喜欢模仿，更喜欢创造，在模仿中创造，多有意思呀！想着，他就把这个画面画了下来。这就是《瞻瞻的车》了。

人们常说："丰子恺的画里，总有脉脉的温情。"他一生都是有情人啊！

『爱的教育』

丰子恺的温情体现在对待孩子们的时候。他一生创作了大量儿童画。其中有一幅,叫《阿宝两只脚,凳子四只脚》。原来,他的大女儿阿宝刚得了一双新鞋子,竟把它们贡献给了凳子。她看着不够,又把脚上的鞋子脱下来给凳子穿。她还得意地叫:“阿宝两只脚,凳子四只脚!”当凳子上的鞋子被妈妈脱下来时,丰子恺心里还为阿宝叫屈。他心中的阿宝,可爱极了!

还有一幅是《爸爸不在的时候》,漫画内容是他的小儿子立在凳子上,用左手笨拙地拿着毛笔,在他的书桌上涂涂抹抹。丰子恺说,他的书桌本来整理得很有秩序,但孩子们总是捣乱。他一着急,就会哼喝他们,夺他们的东西,甚至想拍拍他们的小脸。但他每次哼喝完就忍不住笑:夺了东西,马上加倍奉还给孩子;想拍脸呢,最后都成了爱抚。因为他会马上反省:我要求孩子们的举止和我自己的一样,多么不合情理啊!

在丰子恺的影响下,他的孩子们也充满了温情。

有一次,丰子恺见小女儿到屋子里搬走了一个凳子,又搬走了一个,一连搬了好几个。他不禁好奇,就跟过去看。只见女儿正在把凳子排成一排,还一直低着头看地。丰子恺越发好奇了,迫不及待抬步过去。哪知女儿喊道:“爸爸,停!你别踩!”丰子恺的一条腿不上不下,颇为滑稽。他也夸张地喊道:“爸爸停了!可我这腿快不听使唤了!”女儿小心地走过来,仔细看了眼地面,才说:“爸爸,放下吧,地上有蚂蚁在搬家,我把凳子排成一排,挡着它们,路过的人就踩不到它们啦!”

丰子恺听了,笑道:“上次我拦着你,这次轮到你拦着我啦!”女儿说:“是你说的呀,蚂蚁也有家,也有爸爸妈妈在等它。踩死了它,它爸爸妈妈要哭的。我不愿意它的爸爸妈妈哭!”

丰子恺心里感动,不禁回忆起多年前的画面。他问女儿:“你记得弘一法师吗?”

“记得,他是爸爸的老师!”

丰子恺慢慢走到一个凳子前,摇了摇,坐下道:“有一回老师来我们家,我请他坐到藤椅上,他也是这么轻轻摇了摇,才慢慢坐下。”

女儿被勾起了兴趣,问:“这是为什么?怕椅子不结实吗?”

丰子恺摇摇头道:“唉,我不敢问。也许就是怕呢?”看到

爸爸，停！你别踩！

女儿越来越疑惑，他才高深莫测地说："你看地上。"

"啊——是蚂蚁？"

丰子恺点点头说："老师对我说，这椅子里头，两根藤中间，也许就有小虫子趴着。这突然坐下去，是要把他们压死的。如果先摇一下，它们就能感觉到，再慢慢坐下去，它们就有时间避开啦。"

丰子恺很高兴，在自己的影响下，女儿已能爱惜生命。而自己不也是受了弘一法师的影响吗？

丰子恺在弘一法师的影响下作《护生画集》，就是希望大家爱惜生命。他说："护生就是护心。顽童一脚踏死数百蚂蚁，我劝他不要。并不是爱惜蚂蚁，或者想供养蚂蚁，只是恐怕这一点残忍心不断增多，将来会变成侵略者，用飞机载了重磅炸弹去虐杀无辜的平民。"

『护生护心』

丰子恺的温情还给他惹了不少麻烦。这是怎么回事呢？

有一回，丰子恺从家乡石门湾坐船到崇德，再到海宁的长安镇转乘火车去杭州。路上，一个便衣侦探锁定了他，一直跟在他后头。原来，丰子恺身形偏瘦，但他的布长袍却鼓起了一团，他还用双手在衣服外兜着，十足像个怀了小宝宝的准妈妈。他一个大男人怎么生小孩儿呢？侦探当然要怀疑！

侦探跟着丰子恺上了火车，一路不敢轻举妄动。到了杭州，出了站，侦探赶紧扑过去，一把捉住丰子恺不放。

丰子恺大惊失色，见突然有人来抢自己衣服里的东西，抱着肚子不撒手。

这时，一群人急忙跑了过来，将两人拉扯开，对丰子恺说："丰先生，我们是来接您的！"又对那位"强盗"侦探说："先生，有什么误会？为什么抓着丰先生不放！"

侦探说："他这肚子里装了什么东西，神神秘秘的？快拿出来看一看！"

大家见了丰子恺鼓起的肚子，也不禁好奇，说："先生，拿出来看一看吧，不然走不了哩！"

丰子恺无奈，只好将怀里的东西小心拿出。

众人一看，竟是一只鸡！

那侦探心里疑惑，问道："一只鸡而已，你为什么还要放在衣服里？不会是有什么问题吧？"

丰子恺说："这只鸡，我是打算带到杭州云栖放生的。如果把它的脚捆了,倒提着拿,鸡肯定是不舒服的。可是直接抱着它走,又怕有人来问,我就把鸡放衣服里了。”他又不好意思地对侦探说:“让你跟错人了,对不住!”

众人听了,看着捧着鸡又有点不安的丰子恺,纷纷露出了善意的微笑。侦探也笑着表示了歉意。

还有一次,丰子恺在睡梦中,忽然闻到一股腥臭味,猛然惊醒。他不得不忍着夜寒,披衣起床,打开手电筒检查。

他猫腰找了半天,终于看到床底下正躺着一堆猫屎。他想:为了防止它们进来,房间已经戒严,这狡猾的猫,真是防不住啊!

原来,丰子恺为了纪念已经去世的家猫白象,发表过一篇文章。读者们觉得丰子恺非常喜欢猫,便一只接一只地送给他,一连送了4只。加上白象的一个孩子,家里总共有5只猫了。

家里人纷纷诉说这些猫的“罪过”。

负责做饭的大司务说:“有一次我买了很多猫鱼回来,怕又被它们偷吃,就放在了菜橱的最高层。到了晚上,厨房乒里乓啷闹个不休,我以为它们在捉老鼠,准备明天奖励它们。哪知道第二天起来一看,橱门已经大开,最上层的猫鱼被吃得精光,鱼骨头零零落落地掉在下层的菜碗里。”

又有人说:“它们有一次不只偷了鱼,还把鱼拖到客人的床上吃,鱼汤、鱼骨头,在那条很贵的白床毯上,到处都是!”

…………

丰子恺听了,非常生气,他想:这真是几只又贪又污的猫!但他又想:猫为什么要“贪污”呢?他决定彻查这件事情。

他到处打探,又每天准时蹲在墙角观察。

他看到大猫小猫都饿了,着急地等着大司务过来喂食。

大司务终于带着食物来了!可是那点猫鱼根本不够。

丰子恺忍不住了,猛地站出来说:“你没看到它们还饿着吗?怎么不多给点吃的呢?”

大司务委屈地说:“您的夫人规定的,每天一样的定量……要不,您去找太太?”

丰子恺只好硬着头皮去找妻子。妻子说:“待遇没有变少,和以前一样呀!”

丰子恺说:“物价上涨了呀,以前的钱能买很多猫鱼,现在这些钱只能买一点点了!你想想,它们吃不饱,只能偷偷摸摸,狼狈为奸。它们贪污,不是让我们损失很大吗?”

妻子还在犹豫。

丰子恺灵机一动，说："如果它们吃得饱，不用偷吃，那很贵的白床毯，也许还在哩！"

妻子说："是啊，想起那条床毯，我的心就痛！"终于，猫儿们能吃饱饭了！

丰子恺不忍心把鸡倒提，因为他觉得鸡会难受。他看到猫儿"为非作歹"，没有直接指责它们，而是认真寻找原因，最后想办法让它们吃饱饭。因为丰子恺把它们看成平等的生命。他总是怀着温柔的心生活。这些温情也都在它的漫画中。

聊聊梦想

我觉得丰子恺的梦想是______________________

为了实现梦想，丰子恺做了什么？

____

我的梦想是______________________________

为了实现梦想，我已经做了什么？

____

我还要做什么？

____

小链接:《护生画集》的由来与意义

《护生画集》是丰子恺创作的以爱护动植物为主题的漫画集。丰子恺遵弘一法师嘱,从1929年弘一法师50岁起,每十年作一集,共6集,各作了50幅、60幅、70幅、80幅、90幅和100幅,和弘一法师的年龄一起增长。从开始作画到全部完成,历时46年。画集共450幅作品,由丰子恺先生作画,第一、二集的文字由弘一法师书写,第三集由叶恭绰书写,朱幼兰书写第四和第六集,虞愚书写第五集。画集中的文字,有的采用古文、古诗词中的句子,有的是弘一法师撰写的诗文,其余是丰子恺自己创作的。所谓的"护生",实际是在"护心",要"去除残忍心,长养慈悲心,然后拿此心来待人处世"。

张大千：

选择积极的一面

游历不但是绘画资料的源泉，并且可以窥探宇宙万物的全貌，养成广阔的心胸，所以行万里路是必须的。

——张大千

人物档案

张大千(1899~1983),画家、书法家,四川内江人。1917年去日本京都,学习绘画并研究染织工艺。1919年回国,跟从李瑞清等人学习诗文书画。曾出家当过和尚,法号大千,还俗后仍然用这个称呼。1936年受聘成为南京中央大学美术系教授。

张大千的山水、花鸟、人物、丹青、水墨、工笔、写意等都画得很好。他一开始学习清初四僧(朱耷、石涛、髡残、弘仁)的画,后广泛涉猎各家,又去敦煌石室揣摩三年,终于开创了自己的艺术风格;游历海外后,受欧风美雨影响,创泼墨、泼彩法。他的画风,30岁前求“清新俊逸”,50岁左右取“瑰丽雄奇”,60岁后达到“苍浑渊穆”的境界。1972年,张大千侨居美国,1978年回中国台北。作品有《张大千书画集》《张大千谈艺录》等。

抗日战争时期的一天，从重庆飞往成都的飞机上，一片人心惶惶。他们正在遭受日军的空袭，领航员当机立断，宣布改道。

张大千就在这架飞机上。他问旁人："现在是去不了成都了吗？"

"是啊，飞机要先飞雅安，躲过这场空袭再说。"边上的人说着，看了眼张大千，奇了，"您怎么瞧着还有些期待？"

"日军空袭可恶，但是峨眉山还是可爱的嘛！飞雅安，说不定能到峨眉山绕一圈呢！"张大千摸着胡子悠悠地说。

真被说中了，飞机飞到了峨眉山上空，张大千不住地往外看。

飞了一圈，空袭警报还没解除，于是飞机继续绕着峨眉山飞第二圈，张大千看得入迷，简直想探身出去。

"张先生，张先生？"边上的人叫他。他此时正想换个角度看，可顾不上这些。

直到两圈飞完，飞机离峨眉山越来越远，张大千才坐直身子，问："你叫我？"

"您不是看过峨眉山了吗，怎么还这么喜欢？"旁人问。

"我虽然去过峨眉山，可是在天上往下看，还是第一次，以后可难得有这个机会啊!”说着,他又摸了摸胡子,“从不同的角度取景,更能画出别致的峨眉山呀!”

同一架飞机上,其他人惶惶不安,张大千却找到了自己的乐趣。“横看成岭侧成峰,远近高低各不同”,张大千画的峨眉山,因为这次飞行,展现出了别样的风采。而他看事,也如看山一样,能从不同角度入手。重要的是,他总能选择积极的一面。

『被绑票的一百天』

张大千17岁那年,在重庆求精中学读书,暑假时,他和几个同学一起,打算结伴回家。

虽然他们听说路上闹土匪不平静,但是大家有侥幸心理,认为学生娃儿又没什么钱,土匪也不会抢他们呀。所以,初生牛犊不怕虎,他们一路大胆地走。

没想到路上还真遇到了几拨土匪,可除了第一拨,张大千被抽走了裤腰上的皮带,其他几次,土匪们在他们身上怎么也搜不出什么财物,只能放他们走。于是,他们更大胆了,想:遇土匪也就那么回事呀!

乱子发生在邮亭铺。他们走累了，想在当地的教堂投宿。哪知，教堂的牧师连连摆手。“今天上午，民兵打死了两名土匪，当天，他们一定会全部出动来报复的！”牧师紧张得直哆嗦，“你们是生面孔，要是土匪以为你们是民兵，大家都得遭殃。”

同学们没法儿在教堂里休息了，可是大晚上的，要是走出去碰上土匪，土匪问也不问直接打，怎么办？大家一商量，都认为只能在教堂的石墙边歇下，看运气了！

这运气着实也不好，当枪声像爆竹一样响起的时候，伴着土匪的呐喊声，大家四散奔逃。

张大千被抓住了。

好消息是，土匪们问了张大千的身份，知道他是学生不是民兵，不打算毙了他。坏消息是，他们要张大千写信回家要钱，赎身。

“你快写，让家里赶紧送4000两银子来赎。”

“4000两？我们家开杂货铺的，哪有这么多钱呀！”张大千扯谎道。

几次讨价还价，银子没怎么减，反正信肯定是要写的了。

好不伤心！张大千提起笔开始写信。没想到，这封伤心的信却引得土匪连连赞叹：“这个娃儿写字真是又快又好！我看留他做黑笔师爷好了!"

"我要回家,继续去念书!"张大千说。

"念了书将来做啥?赚多少钱一个月?"

"我去教书。8块钱到10块钱一个月。"

土匪们哈哈大笑:"你这学生娃儿真没出息,给我们当师爷,抢一趟就有一两百个银圆。"张大千还是不肯,土匪们就变脸了,其中一个重重一拍桌子,大骂:"再啰唆,就把你毙了!"

还能怎么办呢?张大千就这样被逼上了梁山。当了师爷,也许能再想办法,他想。他帮着写信、出告示、管账,这都是师爷的事。

听到要管账的时候,他还灵机一动,说:"我在学校的时候,数学学得最不好。我的同学樊天佑数学最好,让他来管账吧!"他想着救一起被抓来的同学呢。

可惜土匪说:"有你一个人就够啦!"

张大千不气馁,求土匪帮他问,有没有看到另外的学生娃儿,里面还有他的小兄弟,那是他的十弟呀!

可惜,他还是没有探听到。

总之,他一直在想法子,想在这样的条件下做点什么。

经历真奇妙,张大千就这样开始和土匪一起生活。有一回，他被迫跟着土匪们去抢劫。这是个大户人家。土匪们翻箱倒柜地搜呀，张大千就在边儿上看热闹。

有人警告他："师爷，你也得动手拿东西呀，不然是要犯忌讳的，黑道上的朋友哪能空手而归呢？"

张大千呆了一下，他能抢啥？他左看看右看看，挑了一本书房里的《诗学含英》。哪晓得，又有个土匪训他："你怎么抢书？'输'字特犯忌！"

好吧，张大千无奈地再看，发现墙上挂了四幅《百忍图》，于是用这四幅画裹着《诗学含英》一起带走，终于过了这一关。

后来，张大千在土匪窝里，居然过上了陶醉的日子。他开始学作诗了。他捧着《诗学含英》——那本赃物，躲在后院吟吟哦哦，酸味十足，有时还自己作几句诗，摇头晃脑好不沉醉。

一天，张大千又在后院吟诗朗诵，突然听到角落那间小屋里有人在呻吟。他在窗边张望，只见里面有一个带伤的老头儿。老头儿说："你这娃儿，土匪窝里还有闲情逸致吟诗？我都快被折磨死了！"

张大千问老头儿"你是谁"。老头儿说，他是清朝的进士老爷，是中过科举的，家里付不起赎身的钱，只能一直在这里。土匪就经常打他，让他吃苦头。

中过科举的进士老爷？那作诗当然得好啰。张大千打起了主意。

之后，张大千帮进士老爷求情讨饶，要进士教他作诗。在这土匪窝的险境里，张大千先是拿了一本诗学启蒙书，又收获了一个诗学启蒙老师，清楚了作诗的平仄对仗……真是令人想不到呀！

张大千一边过自己的“小日子”，一边跟着土匪们奔走。终于，机会来了。他见到了自己的同学樊天佑。樊天佑在另一拨土匪那里，日子过得很不好。

张大千又开始谈判了——师爷的身份真的帮助良多呀。这回，几次讨价还价后，土匪们最后答应放樊天佑走。条件是，樊天佑得在10天内拿钱回来，否则就杀了张大千。

张大千等呀盼呀，既盼着樊天佑回来救自己，又盼着他通知自己的家人来赎他。

可是没到约定的日子，土匪们就带着张大千转移阵地了。他们竟然说：不当土匪了，接受招安，做官兵去！

不当土匪是好事嘛！张大千很兴奋。可是危险还是再一次发生了，他遇上了枪战。在枪声连天中，张大千大喊大叫，自报姓名，才没被乱枪打死。

原来，地方军队虽然说要收了土匪，但是仍不信任他们，早就想好要围剿他们啦。张大千和他们说，他是求精中学的学生，然后把被土匪绑了的经历，如何被迫做了师爷，都原原本本说了一遍。地方军队暂时安排他住在一位王区长家里。

张大千安下心来，胃口奇佳，一顿要吃他们四碗饭。哪知王区长也想着他给家里写信要钱来赎他呢！

好在，过了段时间，张大千的四哥来接他啦，这段被绑票的经历终于结束，前后刚好100天。

在被绑票的100天里，尽管很惊险，但从讨价还价，到成为师爷后想办法救自己的同伴，在土匪窝里沉迷学诗，再到真正帮同学逃脱，张大千一直在寻找事情积极的一面。这让他不仅成功脱险，还在这段经历中有了很多积极的收获。

『脱离日军，义卖救国』

17岁的张大千从土匪窝脱险，那38岁的张大千又是怎么从日军那里脱险的呢？

1937年卢沟桥事变爆发后，没过几天，日军入侵北平，北平也沦陷了。

张大千有一次在吃饭时和客人说:“日本人侵占了我们的国土,还口口声声说他们对中国如何如何友好。他们占了北平,到处烧杀,无恶不作。”他还列举了一家肉菜铺被日本兵抢劫一空,老板娘上吊而死等事。

哪知,没几天,日本人上门了,他们听了这话来“请”人了。张大千还没来得及问明情况,就被连拉带推地拥上了车。

日本人把张大千关押在一幢小洋楼里,说他的“罪名”是“诬蔑了皇军的名誉”,要调查。可是,张大千说的是事实呀。一个多月后,12月的一天,张大千才得以回家。

张大千回家后,家里经常来一些不寻常的客人,他们没有被邀请就“贸然”登门,总劝张大千帮日本人做事。他们威胁说:“日本人叫你出来干事是看得起你,是对你的尊重,你得掂量掂量!”张大千说:“我张大千是中国人,决不会给日本人干事,有什么可掂量的。”

最后,有一个大汉奸登门拜访,话中有威胁的意思。张大千怕像上次那样被抓走,只能假装镇静,找借口说上海收藏有大批的古字画,现在下落不明,他需要去上海。

张大千虽然面上淡定,每天依然接待好友,谈戏论画,但心里一直想着要摆脱日军的控制,离开北平。终于,1938年三四月间,经过徐栋臣先生前前后后一个月时间的斡旋,张大千一家人才脱离虎口,都到了上海。

张大千到了上海后,有朋友见他依然是长长的胡须,打扮也没变化,就奇怪地问:“日本人对你很熟悉,你怎么不化装打扮一下?还是照样,怎么能脱身呢?”

张大千说:“是啊,我也反复考虑过,可是日本人检查很严,假如化了装,被发现就麻烦了。”

有的朋友还开玩笑地跟他说:“听说你被日本人杀害了,我们正准备给你开追悼会呢!”

张大千却开怀大笑:“上海谣传我在北平被日本人杀害,好多关心我的朋友写信打听。有的还在信里告诉我,说我的学生听到消息后,就画了一批画,冒充我的作品,在上海举办‘张大千遗作展’……”

朋友见张大千笑眯眯的样子,不禁问:“你不生气?”

“生气,怎么不生气呢?”张大千捋着胡子说,“可是,这件事也帮了我大忙呀。因为我在离开北平以前,特意放出风说,这谣传我被害的事,可是关系人命和艺术声誉的大事,我一定要亲自到上海当面澄清。这样我不化装,万一被日本人发现,我就说,为这事专程去上海,也在情理之中,他们也不能拿我

听说我的学生在上海举办“张大千遗作展”呢！
听说你被日本人杀害了！

怎么办。”

“当然，最好还是不要被发现啦。好在，平安无事。”最后他说。朋友们都笑了起来。

张大千在上海待了一个多月，之后就和家人到了香港。住处风景很美，环境幽静，他就在这里静心画画。

一个多月后，张大千安排家人去重庆，自己留在香港，想办法把在上海收藏的古字画带回四川。可是因为战争，交通不便，他等了差不多三个月时间，才陆续托朋友把古字画运回四川。古字画转移成功，他就到广西桂林和徐悲鸿等朋友同游，之后，经过广西柳州和贵州贵阳，在10月到了重庆。

在重庆期间，张大千也没闲着，和二哥一起作画，献画义卖，支援抗日战争。他们举办了抗日爱国流动画展，又准备了100多幅画，用赈济委员会的名义，由二哥带着到欧美举办画展，为抗战筹款。之后，他又和朋友一起举办抗日募捐画展，赈济难民。

在被日本侵略者威胁的日子里，张大千拒绝当汉奸的同时，想着怎么安全地逃走，怎么转移古字画。当听说别人谣传自己被害，学生冒充自己的名义卖画时，他想到这些事积极的一面，还感激他们。到了香港，他安排家人去重庆，又安排人将字画带回四川，也没耽误画画。在到重庆之前，他也没耽误和朋友一起游览好风光。

而到了重庆之后，张大千一直在用自己的力量支持抗日。他继续画画，也卖画。在遭遇空袭，飞机不得不在峨眉山上空盘旋时，他在飞机上还想着怎么把峨眉山画得更不一样呢！

聊聊梦想

我觉得张大千的梦想是________________

为了实现梦想，张大千做了什么？

____

我的梦想是________________

为了实现梦想，我已经做了什么？

____

我还要做什么？

____

小链接：张大千当过和尚？

张大千当和尚的经历也很奇妙。

张大千本来有位未婚妻，和他感情很好。但未婚妻因为生病去世了，张大千觉得自己一辈子都不想结婚了。再加上自己对佛学很感兴趣，所以他在1919年到松江禅定寺当了和尚，有了法号“大千”。

之后，张大千到宁波观宗寺和谛闲法师论道。但到快要烧戒的时候，他有了疑问。

他和谛闲法师辩论，说佛教刚传入中国时，是没有烧戒的规矩的，他又不是囚犯，为什么要烧戒呢？而谛闲法师说这是中国佛门的规矩，信徒就像野马，烧戒就像笼头，上了笼头的野马才能被驯成良马。张大千不明白，问：“有不需要笼头的良马，您不要吗？”

辩论了一夜，法师还是没有答应张大千不烧戒。张大千想不通，逃出了观宗寺。但他不是想还俗，他准备到杭州西湖边的灵隐寺去。到了西湖旗下营，要乘船到岳庙，船钱要4个铜板，张大千只有3个。

张大千请船家慈悲，船家骂他是野和尚不给钱，还把他的和尚礼服扯破了（扯破了就不能到别的寺庙投宿了）。

张大千恼火，船夫还用桨来打他，他更怒了，一把夺过桨，把船夫打倒了。

张大千在灵隐寺寄住了两个月，之后想转到上海附近的寺庙，方便和上海的朋友谈书论画。

到了上海，刚从火车上下来，他就被人一把抓住。啊，是二哥抓他回家呢。

就这样，张大千的和尚生涯结束了。刚好，也是100天呢。

冼星海：

风雨下的坚持

一朵成功的花都是由许多苦雨、血泥和强烈的暴风雨的环境培养成的。不是一朝成功的人，他的事业不是一朝可以破坏或失败的。

——冼星海

人物档案

冼星海(1905~1945),作曲家,曾用名黄训上、孔宇,广东番禺人。他出生在澳门一个贫苦的船民家庭,先后在岭南大学预科、国立北京艺术专门学校音乐系、上海国立音乐学院和法国巴黎音乐学院学习音乐。1935年回国参加抗日救亡活动。1938年受邀到延安,担任鲁迅艺术学院音乐系主任。1939年加入中国共产党。1940年到苏联为在延安拍摄的影片《延安与八路军》配乐。1945年在莫斯科因病去世。

冼星海的作品有大合唱《黄河大合唱》《生产大合唱》等四部,歌曲《救国军歌》《到敌人后方去》《游击军歌》《在太行山上》等500余首(现存200余首),歌剧《军民进行曲》,交响曲《民族解放》和《神圣之战》,管弦乐组曲《满江红》,管弦乐《中国狂想曲》,以及钢琴、提琴曲等多首。他在聂耳之后，用更广泛的题材、体裁和更丰富的艺术手法表现中国人民的解放斗争，他的代表作《黄河大合唱》影响尤其广泛。

“不怕年纪小，只怕不抵抗，只怕不抵抗！”《只怕不抵抗》是冼星海作曲的歌曲，他告诉我们，面对敌人，要坚决抵抗，面对困难，也要这样。

这不就是冼星海吗？冼星海出生在一个贫困的家庭，而且，在他出生之前，他的爸爸就去世了。他和妈妈相依为命。后来，妈妈带着他漂洋过海到新加坡打工。几年后，为了让冼星海得到更好的教育，妈妈又带他去了广州，将他送进岭南大学附中学习小提琴。为贴补家用，冼星海一直在课余时间想办法赚钱，但也一直没有放弃学音乐。哪怕是后来到了巴黎留学，差点儿饿死，他依然没有放弃。

冼星海是怎么做到的？

『苦寒中创作《风》』

自从来到巴黎学音乐，冼星海在餐馆里当过跑堂，在理发店里当过小工，在浴室里帮人修剪过指甲，帮人养过羊喂过鸡，帮人守过电话看过孩子……所有这些，都不过是为了让自己不被饿死。有一次，他实在坚持不住，在街上瘫软下来，他以为自己要饿死了，幸亏有流浪者帮了他一把。

尽管活下来有些难，还是不能忘记来法国的目的——学音乐。冼星海住在低矮的阁楼里，他的头差不多能顶到天花板了。屋里的床紧紧靠着一张小桌子，除此之外已经没有多少落脚的地方。桌子上方的房顶有一面叫作“牛眼”的天窗，冼星海就站在桌子上，上半身探出窗外，对着天空，尽情地练习小提琴。

“嘿，你又在对着上帝练琴了？”房东夫人从楼下的窗户里伸出头来，对着房顶喊道。

“您好，夫人。”冼星海停下琴弓，有些紧张。

“我再和你说一声！”房东夫人没好气地说，“你忘记吃饭没关系，不能忘了交房租！”冼星海正不知道怎么回答，好在咣当一声，窗户立刻关上了。

冼星海吐了一口气，想：“交房租的日子已经过了两天，如果再拖下去，是要进警察局的，进了警察局就能吃饱饭……可是，自己要学音乐呀。”这样想着，他闷闷不乐地走上了大街。

“先生，可怜可怜我吧！”一个老爷爷坐在路边乞求道。

冼星海看着老爷爷可怜的样子，难过地想：“我以后也会这样吗？”这时，一阵悦耳的琴声传来，拉回了冼星海的思绪。

他循着声音望去，那里站着一个拉小提琴的艺人，他双眼无神，像是看不见东西，只是沉浸在音乐中，而周围路过的人，偶尔会在他前方的帽子里放下一点钱。

冼星海的眼睛亮了起来。“我有交房租的办法了。”他想。

一天、两天……冼星海到咖啡馆、饭店为顾客拉琴已经好几天了。今天，他又在咖啡馆表演小提琴。一曲完了，他拿起空盘，依次走向各个餐桌，如果有人把钱扔进盘子里，他就礼貌地说“谢谢您”。

然而，当他走到一张餐桌前时，有人拦住了他。一个打扮时尚的女孩正一手捂着鼻子，一手挥动着满是香水味的手帕。而一个系着领带的男孩轻蔑地看了他一眼，用不标准的法语问他：“喂，你是哪国人？”

冼星海已经认出了，这桌坐的几个人都是东方人，而且很有可能是中国的留学生。这样的人很常见，他们经常白天在街上闲逛，晚上在咖啡店享受浪漫，而且，他们有政府发的大量的助学金，一点都不用担心没钱花。

冼星海有些生气，但还是礼貌地回答说：“我是中国人。”

谁也没有想到的事情发生了。那男孩猛地跳了起来，掀翻了冼星海的盘子，像一个正义的勇士教训邪恶的犯人一样，抬起手狠狠地向冼星海扇去:“真给中国人丢脸!”

冼星海被突如其来的耳光扇倒在地,他勉强抓着桌角站起身,又被什么东西砸倒在地。“滚,以后别让我们看到你!”有个女孩说。

硬币洒在地上的声音清脆好听,但冼星海觉得每一声都砸在自己的心上,砸出了他一下比一下猛的心跳,砸出了所有压在心底的辛酸苦辣。

冼星海站了起来,和那群“愤怒”的人比起来,他是多么冷静。他冷冷地注视着这群“正义的人”,心想:“你们骂我给中国人丢脸?我在用我自己的艺术换取活下去的机会,而你们呢?拿着助学金,却天天浪费时间,你们觉得自己很有脸吗?在巴黎的咖啡馆里,中国人打中国人,这不丢脸吗?”

但是冼星海什么也没说,他失望极了。他回到自己简陋的屋里,呆坐了一会儿,突然失声痛哭起来,他一把把钱扔到地上,想扔光它们。但当房东夫人的敲门声和呼喊声响起时,他又不得不擦干眼泪,蹲下身,把钱一个又一个捡起来。

冼星海继续过着又饿又冷的日子。一天晚上,屋外的寒风攻击着这座小阁楼,没有棉被的冼星海,在不断侵入的寒风中,更是冷得瑟瑟发抖。他冷得睡不着,就起来点着煤油灯写谱子。哪知道,风太猛了,吹进屋子,煤油灯点着了又被吹灭。

冼星海伤心极了,他听着寒风打着墙壁,穿过门墙,猛烈地嘶吼着,想着自己,想着祖国受到的苦难,情绪激动。他用所有床单、衣服堵住窗户缝儿,重新点燃煤油灯,写下了《风》这首乐曲,倾诉着自己的感情。

《风》是一首带着人声的三重奏作品。在老师的推荐下,冼星海的《风》破例在巴黎音乐学院新作品演奏会上演出。《风》很受欢迎,很多作曲家很喜欢它。冼星海在老师的介绍下,认识了法国的作曲大师杜卡,杜卡推荐他报考自己在巴黎音乐学院开设的高级作曲班。

虽然,报考音乐学院是件很难的事情。但是这时候的冼星海,更多的感受是兴奋。他受的苦终于有了回报,他的音乐学得不错,他的作品有人喜欢。后来,冼星海以优异的成绩顺利考入巴黎音乐学院,院方破例为他解决了温饱问题,他在音乐学院的成绩和作品,也渐渐地让很多人改变了对中国留学生的看法。他创作的《游子吟》《D小调小提琴奏鸣曲》等,得到了很多人的夸奖。

『要作中国人的交响乐』

1935年,杜卡老师因为心脏病去世了,这让冼星海很伤心。他在法国已经5年了,这一年,他结束在巴黎音乐学院高级作曲班的学习,决定回国。

他去了上海,准备先在那里找一份工作。但是事情并不顺利,很多专业的音乐机构并不接受他。

有好心的朋友帮他在报纸上出了一期专刊,介绍他辛苦到外国留学的经历,登出了他的作品和老师们的照片,但没人在意。“这还不如明星的新闻有趣呢!”有人说。

还有人听说他是有名的音乐家的学生,竟然说:“吹牛!他应该就是给人家外国人端了几年菜汤吧,算什么艺术家!”

有人还抖了个机灵:“让他去写‘胡椒面交响乐’吧,哈哈哈……”他打着哈欠,把报纸揉成一团丢进了纸篓。

冼星海的朋友们没有放弃。一位作曲家朋友何士德推荐冼星海去上海最有名的工部局管弦乐队,他说:“你可以去那里当客串指挥。”

冼星海说:“我在巴黎音乐学院学过指挥,没有问题。”

这一天，冼星海特地去理了发，还买了双新皮鞋，和何士德一起到了工部局管弦乐队。这里所有的队员都是外国人，他们的听众基本也是外国人。所以，何士德用英语向乐队指挥伯契介绍道："这是冼星海，巴黎音乐学院杜卡高级作曲班的高才生，想到贵乐队做一名客串指挥，我在巴黎听过他指挥的《第八交响乐》，棒极了。"

冼星海说："是的，我准备在这里指挥贝多芬的《第八交响乐》，希望您能安排。"

"这……"伯契说，"我需要和乐队的人商量一下。你可以到排练厅和他们见个面，排练一下看看。"

到了排练厅，冼星海走上了指挥台，举起了指挥棒。随着指挥棒的扬起，排练厅响起了贝多芬的这首有名的乐曲。

但是，在第一乐章，冼星海就皱起了眉头。他敲了几次谱架，让演奏停了下来。

"先生们，你们的音准、音色都很好，但是贝多芬的音乐是坦率的，是热情的，我希望你们宁可粗犷些，也不要把这快节奏的乐章演奏得那么华丽、轻松。"

排练厅一下子安静了下来。随后，一个头发斑白的艺术家拨弄了两下琴，懒洋洋地说："指挥先生，我们一向是这么演奏的呢!”

“可是我要求你们……”

“艺术家是自由的,他不应该被要求得太多。”

“我想,你们并不是很了解指挥的用处,这是我的责任,这是在为整场演出负责。”冼星海耐着性子说。

然而,那个艺术家不屑地说:“我觉得,我们很了解,一个没有创作过一部交响乐的国家,能够出现一个什么样的交响乐指挥。”

“哈哈哈……”一阵哄然大笑爆发。

“这不仅是对我个人的侮辱!……”冼星海摔了指挥棒,气得说不出话来。

伯契连忙过来,他脸上还带着点笑,劝道:“啊,不要见怪呀,冼先生!艺术家就是艺术家,他们每个人都有自己的脾气。”然后,他们半推半拉地把冼星海拥出了排练室。

冼星海很少这样激动、愤怒,但这次,他显然没办法控制自己。他想:要做一个有出息的中国音乐家,还要遭受多少侮辱,遇到多少困难呀!这些人从来没有演奏过中国的音乐,我要创作出中国人自己的交响乐!

『中国人的音乐《黄河大合唱》』

当时的中国人，很少有人知道交响乐，更不用说听了。不过，1935年，一些抗战歌曲开始流行。冼星海听了聂耳的作品后，很受鼓舞。然而，这段时间，他的音乐事业并不顺利，生活也更加困难了。

好在，田汉听到了冼星海的曲子，很欣赏他。1935年，他们一起为电影《时势英雄》创作了二部合唱曲《运动会歌》。1936年，他们又合作了《救国进行曲》。

而之后，由俯拾作词，冼星海作曲的《战歌》成名了，很多人知道了冼星海的名字。有一次，俯拾和冼星海到上海工学团，老师和学生都集合了起来，他们要冼星海教唱《战歌》。冼星海一口答应，他挥舞着臂膀指挥这群孩子。那天，他非常高兴。

1938年，有人提议在延安办一所专门的艺术学校。这个提议很快得到了毛泽东等领导人的肯定。鲁迅艺术学院（简称“鲁艺”）成立了！

冼星海到延安后，就到鲁艺音乐系当老师，第二年当了系主任。这里到处是简陋的窑洞，连砖头砌的平房都很少。他吃着没有味道的小米饭，而且总是能吃出壳。他经常要跑到山沟里躲敌人的轰炸机，有次炸弹就在面前炸开，他甚至差点儿被炸死。

但是冼星海觉得，这比以前的日子幸福多了。他热情地工作着，认真教学，也许慢慢地，中国的贝多芬就有可能产生呢？这是我们的责任呀！他想。他也不断在创作，写了更多气势雄伟的曲子，改良了中国古代的音乐，在交响乐中加入中国的乐器。

而一首长诗，激发了冼星海前所未有的创作热情。1939年，诗人光未然写了一首长诗《黄河吟》，他请冼星海到西北旅社窑洞，参加他的小型朗诵会。他说："我横渡了两次黄河，我们的军队曾经沿着黄河打仗。我亲眼见到了黄河的狂风恶浪，亲眼看到船夫们是怎么和它搏斗的，他们从不后退。"

冼星海听完了后，眼睛发亮，他见过黄河，但是今天的长诗和故事让他了解了更壮丽的黄河，更有魅力的中国人。他说："我要为黄河写一首歌。"

之后，他开始不眠不休地创作。光未然每天早上让邬析零等人来问："写得怎么样了？"每次，冼星海都会抓着渡过黄河的邬析零问："你再说说怎么渡河的……多少人……"一定

你都问过800遍了!
你再说说怎么渡河的!

要把每个细节都问清楚。他还会说:“你再唱一遍船工号子!”

冼星海的劲头很足,6天的日夜突击后,《黄河大合唱》的曲调完成了。又过了一星期,他完成了全部的伴奏音乐。

《黄河大合唱》的每一个乐章,都是从一段朗诵词开始。八个乐章,多种唱法,慷慨激昂,而且,一听就知道是中国人的音乐。冼星海说:“我一定要创作出有中国民族风格的交响乐,这是中国的交响乐!”他做到了,而且,它被无数人认可。

如果不学音乐,也许冼星海的生活不用那么贫苦,他不用担心会在巴黎的街头饿死,不用住在窄得不能再窄的、漏风的房间里。也许,他不努力钻研,只写轻松的音乐也能完成工作。但是,这样就没有被人赞赏的《风》,没有传唱至今的《黄河大合唱》了,这些都是经过了风雨之后,不容易凋谢的花朵。

聊聊梦想

我觉得冼星海的梦想是________________________

为了实现梦想,冼星海做了什么?

____

我的梦想是______________________________

为了实现梦想,我已经做了什么?

我还要做什么?

小链接：民国的公费留学生

在民国期间，公费的留学生一般有很高的政府补贴，比如“庚款留学生”。八国联军侵华后，中国赔偿外国的钱叫“庚子赔款”，之后，各国把超出实际损失的部分还给了中国，这些钱就用来资助到这些国家留学的学生。庚款留学生不仅能拿到学费、生活费、医疗费和部分旅游的费用，还有服装费和去留学国的路费。

到法国的留学生的公费是由政府和地方一起支付的，有的省份，比如广东，经济条件好一些，也比较重视教育，就会给广东籍的留学生额外的补贴。基本上，只要是公费的留学生，都能够不愁吃穿，安心学习。

不过，这些好处和冼星海没什么关系。他虽然是广东人，但因为家里条件不好，在国内没有受过正式的高等教育，没有机会考取公费留学生。要留学，就只能先找工作，赚生活费。而因为当时政府的不公平，冼星海一直没有申请到公费。还好，当时法国的留学生中，有相当一部分和他一样在勤工俭学，他才没有那么孤单，而且交到了一些好朋友。

聂耳：

为时代而歌

不同生活接触，不能为其生活的创作；不锻炼自己的人格，无由产生伟大的作品。

——聂耳

人物档案

聂耳(1912~1935),作曲家,原名守信,字子义(一作紫艺),云南玉溪人。出身清贫,自幼爱好音乐,能演奏多种民族乐器。中学时代就参加了进步学生活动。1930年到上海,第二年入明月歌剧社任小提琴师。后来积极参加左翼音乐、戏剧、电影等工作,从事创作及艺术评论活动。1933年加入中国共产党。1935年,聂耳准备到苏联去,中途经过日本,停留了几个月,7月17日,在日本藤泽市鹄沼海滨游泳时,不幸溺水身亡。

作品有歌曲《义勇军进行曲》《前进歌》《毕业歌》《新女性》《铁蹄下的歌女》等数十首,表现了中国人民大众的深重苦难和英勇反抗,以及九一八事变后中国人民抗日救国的坚强意志。另有《金蛇狂舞》等民族乐队改编曲四首。有《聂耳全集》两卷存世。

我们都知道，我们的国歌是《义勇军进行曲》，作曲者是聂耳。那你听过这首歌吗——“啦啦啦！啦啦啦！我是卖报的小行家……”没想到吧，这首可爱的《卖报歌》也是聂耳作曲的！

其实，这两首歌有个共同点，它们都反映了当时中国的实际情况。聂耳早年在北京时，穷得连棉袄都买不起，但还是坚持到贫民区，比如天桥这些地方，用有限的几个钱收集北方的民间音乐素材，深入当时穷苦老百姓的生活。而到了上海以后，他也一直坚持收集素材、体验生活。看看《卖报歌》的故事，就知道他是怎么创作，而他的作品又是怎么惹人喜爱的了。

『《卖报歌》巧助卖报』

“卖报，卖报，七个——”小女孩清脆的声音戛然而止。上海霞飞路、吕班路口的公交站台，一辆公交车刚刚到站，狭窄的车门涌出一批乘客，他们争先恐后地下车、走出站台，谁也顾不上散落的报纸，和摔倒在报纸堆上的小女孩。

这是1933年6月的一个傍晚，小女孩大概11岁，她正茫然四顾。这时，一只手把她扶起，随后，一堆报纸递到她眼前。

那人看小女孩盯着报纸发呆，以为她心里难过，就把那几张被踩脏了的报纸抽出，把几个铜板递上，说："小朋友，这几份报纸我买下了。时间不早了，快回家吧！"

小女孩反应过来，眨巴着湿润的眼睛说："谢谢叔叔，您真是个好人！"那叔叔弯下腰来，问她："你叫什么名字呀？"小女孩没答上来。叔叔微笑了下，说："看你的头发乱成这样，我叫你'小毛头'吧！"

小女孩点点头，说："那您叫什么名字？"

"我叫聂耳。"说完，他拍拍小女孩的头，离开了车站。

之后，聂耳经常来小毛头这儿买报纸，有时还和朋友们一起帮她叫卖。这天，天快黑了，街上已经没有多少行人，但小毛头还在叫卖着。

聂耳问："怎么这么晚还没回家呀？"

小毛头看了看手中的报纸，红着脸说："我……还没有卖完……爸爸的病还没有好……"

聂耳帮小毛头理了理头发，没有说话。

第二天，聂耳找到诗人安娥，说："安娥，现在的生活实在苦，小孩儿要上街卖报，看他们卖不出报纸，吃不饱饭，我实在不忍心。你能给他们写首卖报歌，帮帮他们吗？我来谱曲。"

安娥二话没说就同意了，只是她说："但是你要等等，你给工人写歌，要和他们生活一阵子，我给卖报的孩子写歌，也要去看看他们的生活呀。"聂耳当然赞同。不过，安娥为了早点帮上孩子们，也没有花太长时间。没过几天，清新明快的歌词就到了聂耳手上，聂耳一气呵成地谱上了曲。

"小毛头，你听，这曲子喜不喜欢？"

"好听好听！"小毛头拍着手说。这曲子朗朗上口，听了一遍她就能哼出调来。

只是……她想了想，说："我们平时吆喝，总要说……几个铜板能买几份报，要是把这个也唱出来……就好了。"

聂耳看她犹犹豫豫的样子，立刻说："当然可以了，这本来就是为你写的，怎么能卖得更多，咱就怎么唱。"

聂耳根据小毛头的建议，把"七个铜板就买两份报"加进去后，整首歌就成了：

啦啦啦！啦啦啦！我是卖报的小行家，不等天明去等派报，一面走，一面叫，今天的新闻真正好，七个铜板就买两份报。

啦啦啦！啦啦啦！我是卖报的小行家，大风大雨里满街跑，走不好，滑一跤，满身的泥水惹人笑，饥饿寒冷只有我知道。

啦啦啦！啦啦啦！我是卖报的小行家，耐饥耐寒地满街跑，吃不饱，睡不好，痛苦的生活向谁告，总有一天光明会来到。

聂耳一句一句、一遍一遍地教唱，小毛头很快学会了这首“量身定制”的《卖报歌》。

“聂子！”老远，聂耳就听到这一声。

他顺着声音看去，果然，小毛头正在那儿朝他招手。她弯着眼睛，笑起来暖洋洋的，一点都没有原来皱着眉头的样子。

他朝她走过去，小毛头也蹦跳着走过来，只听她说：“聂子，我又又又卖完啦！”

“我猜到了，你的《卖报歌》呀，现在已经传遍了上海滩。”

“聂子，这也是你的《卖报歌》呀！”

两人对看着，都笑了起来。

啦啦啦！ 啦啦啦！
我是卖报的小行家……
我们是聂耳写的哦！

『国歌《义勇军进行曲》的诞生』

聂耳的《卖报歌》非常受欢迎，因为它反映的是当时人们的生活。而在之后的两年里，他创作了更多的作品：他顶着满天的星星，踩着满地的寒霜，走上一个多小时，到纱厂去了解女工的工作情况，去了好长一段时间，写出了《新女性》；他在上海码头观察码头工人，和他们一起谈心，一起工作，一起哼着劳动的号子，写成了《码头工人歌》（《码头工人歌》和《打砖歌》《打桩歌》《苦力歌》一起，成了田汉编剧的歌剧《扬子江暴风雨》的插曲，聂耳还在剧中演了主角——打砖工人老王呢）；还有《大路歌》《铁蹄下的歌女》……他的歌曲，大多成了电影的主题曲或插曲，和反映当时生活的电影一起被人们熟知。聂耳在那个时候，可是了不得的红。

在他的作品中，有一首歌，是所有中国人都知道的，那就是《义勇军进行曲》。

1934年，上海电通影片公司为了支援抗日救亡，聘请编剧田汉编写剧本，田汉先交了一个剧本梗概，名为《凤凰的再生》（后改名为《风云儿女》）。然而，在电影筹拍的时候，田汉却被当时的政府逮捕，认为他亲近共产党。为了尽快开拍，编剧夏衍根据田汉的提纲，开始编写剧本。

1935年的一天，上海电通影片公司的编导孙师毅接到电话："喂，我是夏衍，田汉上次给我的那些故事梗概……我已经改成电影剧本了，你今天有时间吗？我交给你。"

"好的好的，"孙师毅一听这事，立刻站正了身子，"我今天在家，你随时来，注意安全。"

等到敲门声响起，孙师毅仔细确认，把化了装的夏衍迎了进来。

夏衍进门后的第一句话，却不是说剧本，而是问："田汉有消息了吗？"

提到这个，孙师毅就摇头叹气："唉，还在狱里。这次中共的地下组织被破坏，好些同志被抓，我们也在想办法救他。"

"电影上映，怎么能没有他呢？剧本写好了，请快点交给许幸之导演吧。"

"好。主题曲的歌词抄上了吗？"

"抄上了……"孙师毅刚想接过看，又一阵敲门声响起。

两人警惕地询问来人是谁。那人说："我是聂耳！"

刚开门，聂耳就风一样地进来了。他说的第一句话就是：

“听说《风云儿女》的结尾有一个主题歌?”

夏衍直接把剧本给了聂耳,聂耳一把翻到最后,念了两遍主题歌的歌词,说:“剧本的内容我早知道了,我老早看上了!今天看了这歌词,真让人激动,让人热血沸腾!这正是现在我们经历的,是现在,要告诉四万万中国人的啊!”

孙师毅说:“有你这么说,我和夏衍做的就值了。这歌词,是田汉前段日子写在香烟的衬纸上的,家属好不容易保存下来给了我们,又被茶水沾湿了,我和夏衍仔细抄下,只希望还能保持田汉的大作。”

“大家都在为这样的作品努力!作曲交给我,我干!”聂耳又像以前那样开始“抢工作”了,他以前写的很多激励人的歌,都是这样主动“揽”下的任务。现在,他又一把抓住夏衍的手,在他开口前,重复说道:“我干!交给我。”从手中传来迫切的希望,从话语里传来坚定的信心,夏衍当然没办法拒绝,何况聂耳还说了一句:“田先生一定会同意的。”是啊,田汉、聂耳已经合作过好几次了,他们可是“黄金搭档”。

孙师毅又帮聂耳抄了一页歌词。聂耳将歌词仔细藏好,急急往家走去。

一路上还算平安,快到家时,却听到远远传来警车的声音，他向街上望。

警车从远方开来，从紧张的聂耳身边驶过，越过弄堂离开了。聂耳心里激动，刚要进家门，又听到吆喝声——

马路上，四五个巡捕举起了枪，有中国人，也有外国人，他们对一对抱着婴儿的乡民夫妇吆喝着："举手！"

乡民夫妇抱着孩子，没办法全都举起双手。

外国巡捕一把抢过婴儿，在婴儿身上乱摸。

婴儿被摸得哇哇叫，巡捕的脸越来越狰狞。

聂耳愤怒了，他想起自己曾经看到的，曾经经历的。他想起了在北京剧场演出时，特务鸣枪的嘴脸；他想起了被捕的老师，在日军炮火下的百姓；他想起了军警下令放水龙，示威的群众手牵着手，冒着水龙前进的画面，几个学生被枪决了，但是下一次的游行更壮观；他想起了战士们往前冲，被炮火击中，倒下，又有人往前的场景……

聂耳回到家立刻动笔，写下了曲谱的初稿。

只是上海的形势越来越紧张，聂耳创作了那么多反映现实、鼓励人心的作品，政府已经盯上了他，下令逮捕他。中共党组织决定让聂耳去日本躲一躲。

到了日本以后，他遇到很多友善对待他的人，但最冲击他的是日本军国主义对战争的狂热。他开始思考每一个音符,每一句歌词,他希望这首曲子能激发人们坚强的意志,希望人们在残酷的现实中看到光明的未来,并为之奋斗。

聂耳和孙师毅联系:“最后一句‘冒着敌人的飞机大炮前进’,音乐不容易流畅,收尾总觉得不够有力。”两人商量,最后同意“冒着敌人的炮火”更能表现战争的残酷,更加紧凑简练;曲子末尾如果再加“前进! 前进! 进”,那么第一个“前进”能够积蓄力量,在第二个“前进”的时候力量爆发,会让歌曲表现得更加一往无前,更加勇敢坚毅,更加豪迈。最后的歌词是:

起来! 不愿做奴隶的人们!

把我们的血肉,筑成我们新的长城!

中华民族到了最危险的时候,

每个人被迫着发出最后的吼声。

起来!

起来!

起来!

我们万众一心,

冒着敌人的炮火前进!

冒着敌人的炮火前进！

前进！

前进！进！

这首《义勇军进行曲》是作为电影《风云儿女》的主题曲和人们见面的，但是后来，它被选为中华人民共和国国歌。它记录着那个时代的历史，一直到现在，到未来，都激励着中华儿女。不管是《卖报歌》还是《义勇军进行曲》，都在为时代的百姓歌唱呀！

聊聊梦想

我觉得聂耳的梦想是______

为了实现梦想，聂耳做了什么？

______

我的梦想是______

为了实现梦想，我已经做了什么？

______

我还要做什么？

______

小链接：《卖报歌》和《义勇军进行曲》的创作背景

1931年9月18日，日本发动九一八事变，之后，占领了中国的东北三省，并且准备全面侵略我国。而当时，中国国内的战争也很频繁。这种到处是战争的日子，让本来经济不发达的中国更加贫苦。而出生在贫困家庭的小毛头，不仅没有机会读书，也没有办法找到好的工作，更不用说打仗需要老百姓交很多钱，政府需要老百姓交很多钱了。

在当时，很多人过的就是《卖报歌》里的生活，所以这首歌才会很快流行，才会感动那么多人。而作为国歌的《义勇军进行曲》，也反映出了当时战争、社会的残酷，作为“奴隶”的人们只有拼尽全力才有可能改变这一切。但是两首歌的最后都给人希望，表示在努力之下，还是能前进走向光明。

贝聿铭：

方法总比困难多

我从来没有考虑过这个问题，我一直沉浸在如何解决我自己的问题之中。

——贝聿铭

人物档案

贝聿铭(1917~2019),美籍华人建筑师,生于广东广州,祖籍江苏苏州。贝聿铭在20世纪30年代赴美,先后在麻省理工学院和哈佛大学学习建筑学,毕业后进入房地产开发商齐肯多夫的公司工作。1960年自立门户,成立了自己的建筑公司。1983年,获得第五届普利兹克奖(建筑界的最高奖)。

贝聿铭被誉为“现代建筑的最后大师”,善于使用钢材、混凝土、玻璃与石材。他一生秉持现代建筑的传统,坚信建筑不是流行风尚,不能哗众取宠,是千秋大业,要对社会和历史负责。代表建筑作品有美国国家美术馆东馆、法国巴黎卢浮宫扩建工程、苏州博物馆新馆等。

2003年8月，一位苏州的顾姓市民走进太平天国忠王府归来轩，他顾不得擦汗，拿起一张意见表，一字一句地看了起来。在他的周围，还有很多来自苏州各地的市民，他们有的围着建筑模型不停打量，有的在表格上写个不停……这个模型，是苏州博物馆新馆的设计模型，而表格上的意见，会传递到这座新馆的设计师——贝聿铭手中。最后统计结果出来了，绝大多数的苏州市民都相信，这位86岁的建筑大师能建好这座重要的博物馆。“你们不怕贝聿铭搞砸吗？他可是有失败记录的。”有人问。

贝聿铭真的失败过？大家为什么这么信任他？

『打不开的绿楼大门』

1959年的一天，贝聿铭很兴奋，他接到了人生中的第一个大型项目，以他个人的名义。这个项目来自他的母校——美国波士顿剑桥市的麻省理工学院。

麻省理工学院正在扩建，需要建造一些新房子，他们在学校主楼的东面划了一块地，希望贝聿铭在这里，设计一幢9层的地球科学实验楼。

其实，学校里也有人担心："贝聿铭一直在为房地产开发商齐肯多夫工作——他们的设计主要是为了赚钱，实用就好了，哪里会管美不美——他真的能设计建造出一幢美丽的大楼吗？"

贝聿铭知道大家的担心，然而，他信心满满，雄心勃勃。他站在麻省理工学院那块"属于"他的土地上，观察四周：一眼望去，学校居然没有高层的建筑。他想：如果我创造的建筑，和周围其他建筑结合起来，能形成优美的背景，不是更有意义吗？这儿正需要一个高层建筑呀！

他赶紧和校方说："我希望改变计划，咱们建一幢20层的高楼吧！我保证，这幢楼能把学校的新古典主义风格建筑凝聚成一个整体；我保证，它会成为这里的标志性建筑！"

校方被贝聿铭说服了，而贝聿铭又给了他们新的惊喜，就是他打算建一幢混凝土大楼。在别人还在试验混凝土技术的时候，他们就能有整整一幢大楼了，多酷！

1964年，大楼建成了，名为绿楼。它成了当时麻省理工学院，甚至整个剑桥市最高的建筑。哪里有人不知道它呢？在波士顿评选"年度最美城市建筑"的时候，绿楼不费吹灰之力就拿到了这个称号。贝聿铭的名声更响亮了。

麻省理工学院满意了，贝聿铭满意了。贝聿铭大赚了一笔。

但是,没过多久,一个消息浇了他一盆冷水。

当电话铃响起的时候,贝聿铭正轻松地哼着小曲儿,他甚至有些期待:又有什么好消息呢?然而,当他放下电话的时候,他浑身僵硬,尴尬无比。校方说:“绿楼的大门有时候根本打不开!”

贝聿铭什么也顾不上了,他觉得脚心发烫,恨不得立马跑到麻省理工学院,看看究竟是怎么回事!

原来,是风太大,堵住了大门!“我是麻省理工毕业的,居然不知道什么叫风洞效应!”在绿楼门前,贝聿铭懊恼地说。大风撞上孤零零的高楼,会向地面移动,地面的风速越来越大,能大到让门都开不了……门开不了,楼有什么用呢?难道就这样失败了?

知道了原因后,贝聿铭马上对校方说:“是我考虑得不周到,我现在马上重新设计,一定解决这个问题!”

后来,绿楼安装上了旋转门,楼底的风通过旋转门的空隙吹进了楼内,不会堵在门口了。终于,众人松了口气,绿楼依然是麻省理工学院的标志性建筑,也是贝聿铭的代表作品之一。但是,贝聿铭的心里仍然有遗憾,他说:“我如果能有更多时间、更多经验就好了。”

不过，更重要的是要反省自己，他说：“我要记住这件事情。我原来一直设计低成本的住宅，脑子都僵化了。我要慢慢打开思路，真正理解建筑这门艺术！”

『汉考克大厦风波』

1960年，贝聿铭决定离开齐肯多夫，开始独立创业。之后，他的作品越来越优秀，名气越来越大。1960年当年，他就为纽约的爱德怀特机场（现为肯尼迪国际机场）设计了航站楼；1967年，他设计的美国国家大气研究中心建成；1969年，他设计的得梅因艺术中心、艾弗森美术馆，竟然同时获得了美国建筑师协会的国家荣誉奖，这是之前从来没有过的。

1969年，美国最大的IT公司之一——IBM邀请贝聿铭为公司设计办公大楼。1973年的一天，贝聿铭正在研究设计稿，突然接到朋友巴恩斯（一位建筑师，也有自己的事务所）的电话：“嘿，你是不是接了IBM的活儿？”贝聿铭说：“是啊，已经交了初稿，他们还挺满意的。”他仍然在看设计稿。然而，巴恩斯接下来的话让他停下了工作，巴恩斯说：“那怎么回事？他们想找我重新设计……”贝聿铭明白了，他有些失落，因为“那件事”，IBM想换人了。

接着，1974年初，美国最富有的家族之一——洛克菲勒家族想为自己的亚洲协会建一座艺术馆，一共有四位设计师候选人。当洛克菲勒三世说“贝先生，我们选择了你，合作愉快”时，贝聿铭开心极了，他立刻开始准备。但是，当他兴致勃勃地展示设计方案时，洛克菲勒三世却没有任何反应。这又是委婉的拒绝，贝聿铭难过极了。

这一切都是为什么呢？

因为1973年1月的一个夜晚。

那一夜，一场大风暴突然袭击了波士顿。第二天，人们走到考帕列广场，纷纷发出了惊呼声，他们不得不停下脚步，因为路面上居然是满满的玻璃碎片。大家抬头一看，那正在施工的汉考克大厦已经面目全非，几十块已经装好的双层落地玻璃不知道飞哪儿去了。哦，不就在地上“躺”着嘛。而那几百扇原来能照出影儿的窗户，竟然都“结”满了蜘蛛网。看来，就是飞下来的碎片打坏的。

这场“玻璃灾难”立刻登上了新闻头条，美国的报纸、杂志、电视台，几乎没有不关心的。而且他们不约而同地想采访一个人——贝聿铭。谁叫汉考克大厦是他设计的呢?

而此时,贝聿铭的事务所里,一片低气压。不断地有电话铃声响起,但没有人去接电话。贝聿铭的一位高级助手突破屋外记者们的“重重包围”,进屋后喘着气对贝聿铭说:“玻璃还在破,他们在问:‘整座楼都要拆掉吗?’”

贝聿铭说:“怎么可能拆除呢?工程延期。我们现在想的应该是怎么补救,检查出了什么问题。”

之后,人们再次路过考帕列广场时,发现汉考克大厦那些没了玻璃的地方,重新装上了东西。那是什么?是胶合板?人造的木板?那些胶合板从楼下往上装,大概盖住了整幢楼的三分之一,引起建筑界一片哗然。

这次,助手回来时,沮丧地说:“刚刚我坐出租车,我一说是咱们事务所的,司机就说我们是造‘胶合板大厦’的事务所……”

“这还是客气的呢,还有的说那是‘世界上最高的木制楼’。”有同事接道。大家默默对视,好吧,看来之后,再也没人敢说是贝聿铭的员工了……

大家只能焦急地等着汉考克大厦的检查结果。10月,他们终于收到了工程师的结论:玻璃技术有问题——当时,基本没有人用玻璃来造房子，这种技术还不可靠。而结果也表明：10344扇窗户，得全部更换。贝聿铭和玻璃制造商都被告上了法庭。

很长一段时间，没有人来雇用贝聿铭，而这时候，他也已经离最早的房地产业务很远了。IBM和洛克菲勒家族的拒绝看来只是其中的一部分困难。贝聿铭和事务所的150位员工吃什么呢？然而这次，贝聿铭显得很镇定，他冷静地处理一切事情，而且，他说："150名员工，我不愿意解雇任何一位。"

汉考克大厦终于在1976年修好了，采取了替换玻璃、装置铅块稳定、增加钢铁支柱等一系列措施。修复的代价是巨大的，花的钱是原来预计的两倍，建成时间也晚了3年。它让贝聿铭在很长一段时间里，生计艰难。而诉讼纠纷也直到1981年才达成和解。

时间慢慢过去，波士顿人也开始接受甚至欣赏起汉考克大厦。看，大楼上浅蓝色的玻璃就像一面巨大的镜子，映着四面八方的景物，多么漂亮！

"建造玻璃大厦是没有错的，只是过程出了问题，没有建好。现在发现了问题，我们能做的，是解决问题，提高技术。而且，以后不能再犯。"贝聿铭说。

『卢浮宫金字塔』

很快，贝聿铭又重新回到了大家的视野中，1978年，他设计的美国国家美术馆东馆建成了。这个项目，也让他成为真正的建筑界大师。而且，在他不知道的情况下，美国国家美术馆里来了一位客人，这位客人给他带来了麻烦，也带来了惊喜。

这位客人就是后来的法国总统密特朗。1982年11月，贝聿铭在法国巴黎见到了密特朗，当他听到密特朗小心地对他说“贝先生，您有想过改造卢浮宫吗”时，脸上仍然保持着克制的微笑，但是心里已经刷起了一排一排的问号。卢浮宫是世界四大博物馆之首，是法国最珍贵的建筑之一啊，怎么会让他这个外国人来“改造”呢？他问：“您怎么会问我？”这时，密特朗才哈哈笑道：“其实，我早就看中你在美国国家美术馆里设计的那座小金字塔了，那座玻璃金字塔美极了！”

1984年1月23日，在经过四个月的研究以后，在历史古迹最高委员会会议上，贝聿铭介绍了他的建筑方案和模型。“我要为卢浮宫建造一座玻璃金字塔，这会是卢浮宫的新入口。”

他说。

67岁的贝聿铭语调平缓地介绍着他的方案。但是渐渐地，会议室里听不到他的声音了，因为讨论声越来越大，他话音刚落，整个会场就炸开了锅。他遇上了第一个麻烦。

“你一个外国人，为什么要到巴黎来毁我们的建筑遗产？”

“这就是个破玩意儿！”

“这像钻石？你在开玩笑吗？它很丑，它就像一颗便宜的假钻石！”

…………

到后来，委员们的话越来越难听，贝聿铭身边的翻译已经抵挡不住，哭了起来。

“他们对方案有什么疑问吗？有什么需要我解释的吗？”

“不，没有，他们只是在单纯地攻击您，他们只是不想建这座金字塔。”

哦，都换了几届总统了，他们还是没有接受新建筑。

在密特朗总统的支持下，经过投票，金字塔方案还是艰难地通过了。

之后的几年，法国的媒体像不嫌累一样，攻击着贝聿铭的设计方案。

对此，贝聿铭回应："我愿意与任何一个提出其他解决办法的人去比较，但没有人提出来……"

工程开始了，贝聿铭遇到的第二个麻烦，和玻璃技术有关。他希望金字塔用的，是极安全的、完全平面的、完全透明的玻璃。但在当时，大家都认为，完全透明的、没有颜色的玻璃是不存在的。

然而贝聿铭说："金字塔是个四面体，如果玻璃有颜色，四块玻璃板叠加，颜色就会变成和啤酒瓶一样的暗绿色，和卢浮宫原来建筑的蜜褐色完全不搭配，卢浮宫会变得多么难看啊，那样的话，之后千百年，法国人都要骂我了！"

"可是这怎么可能实现呢？"世界上规模最大、历史最悠久的玻璃制造公司之一——法国的圣戈班参与了这个项目，他们的工程师认为贝聿铭在找麻烦。

这次，贝聿铭没有反驳。

几天后，就在工程师们认为贝聿铭已经放弃的时候，他拿出了一块全透明的玻璃，这是德国人用在喷气式飞机上的，只有在小面积使用时才牢固。

他礼貌地对圣戈班的工程师们说："能否请你们帮忙，研究一下这块玻璃？"

这是多么困难、多么麻烦的事啊！可以说，贝聿铭已经被工程师们讨厌透了，他们可不听他的话。

贝聿铭想：我和他们吵有什么意思呢？我得想个办法解决这个问题。

他想到了他的“老朋友”密特朗。他对密特朗说：“有透明玻璃，但圣戈班不肯做。”

圣戈班的总裁马上插嘴了：“如果你们要造1000个这样的金字塔，我们做；但你们就造一个，没门儿！”

然而，密特朗只说了一个字：“做！”

事实证明，圣戈班是有能力做的。

圣戈班公司打开了一个古老的作坊，用了一种古老的手法，做出了几乎没有颜色的玻璃，而且它们在大面积使用时，仍然很牢固。

1989年，卢浮宫金字塔建成启用的时候，法国人民走进这座似乎在闪闪发光的玻璃金字塔，根本移不开眼，说：“这简直是一颗超级大的宝石，我们站在宝石里面！”之后，人们一时间好像忘了埃菲尔铁塔，都涌向这座曾经被他们嫌弃的卢浮宫金字塔。

“另外两个入口都没什么人，你怎么不去那里？”长长的队

我们站在宝石里面！
以前谁说的像假钻石！

伍里，排队的女士问前面的小伙子。

“你怎么不去？我就要从金字塔里进。”小伙子说。

在成为建筑界大师的路上，贝聿铭并不是一帆风顺的。他为麻省理工学院设计的绿楼打不开大门，他设计的汉考克大厦掉落了一地的玻璃，他设计的卢浮宫金字塔，一开始一点儿都不招人喜欢。但是，这些困难最后都“转废为宝”，变成了他的代表作品，也成了他的宝贵经验。为什么呢？因为他首先想到的是发现问题，解决问题，反省问题。你看，他是不是越来越处变不惊，越来越自信了呢？

聊聊梦想

我觉得贝聿铭的梦想是______

为了实现梦想，贝聿铭做了什么？

______

我的梦想是______

为了实现梦想，我已经做了什么？

______

我还要做什么？

______

小链接：贝聿铭与苏州博物馆

1960年，在江苏苏州的太平天国忠王府，苏州博物馆成立。1999年，苏州市委、市政府邀请祖籍是苏州的建筑大师贝聿铭设计苏州博物馆新馆。80多岁高龄的贝聿铭为新馆的建设倾注了非常多的心血，不仅亲自担纲设计，还五次亲临现场指导。他对自己提出了要求，要“在一个现代化的建筑上，体现出中国民族建筑艺术的精华”。所以，他“每前进一步，都要研究一下中国文化和苏州的传统”。贝聿铭长期生活在美国，设计体现中国和苏州传统的博物馆，对他来说是很大的挑战，困难不少。但他一直学习、创新，解决问题。

2006年，苏州博物馆新馆建成并对外开放。新馆占地面积约1.07万平方米，建筑面积1.9万余平方米，加上整修后的太平天国忠王府，总建筑面积达2.65万平方米，实现了现代化馆舍建筑、古建筑与创新山水园林三位一体。

吴冠中：

发现美，感受美

我们生活中的美感很少，缺少美的环境熏陶，我们应该拉近生活和艺术的关系。

——吴冠中

人物档案

吴冠中(1919~2010),当代著名画家、美术教育家,别名荼,江苏宜兴人。早年毕业于国立杭州艺术专科学校,1946年赴巴黎国立高等美术学院,师从苏弗尔皮学油画。1950年归国,先后任教于中央美术学院、中央工艺美术学院等,1979年当选中国美术家协会常务理事。

吴冠中擅长油画、彩墨画,多以人体和风景为题材。画风注重形式美,富于个性和创新精神。油画代表作有《长江三峡》《北国风光》《小鸟天堂》《黄山松》《鲁迅的故乡》等;中国画代表作有《春雪》《长城》等。个人文集有《吴冠中谈艺集》《吴冠中散文选》《美丑缘》等十余种。

1990年，湘西还是个交通非常不方便的地方，很少有人会想着到那里走一走。但吴冠中就爱这样的地方。他一落地，就被湘西的山水吸引，当即铺开画纸，聚精会神地涂抹起来，《湘西水田》就是这么诞生的。

高山、瀑布、密林、旷野，甚至沙漠……祖国的大江南北，没有吴冠中不去的地方。这个又黑又瘦的老人，看上去从来不像一个画家，有的人甚至认为他在到处流浪。

“我只不过在寻找美、欣赏美、创造美。”他说。

『大红袍真美！』

1936年，吴冠中考入国立杭州艺术专科学校学画画。1937年，抗日战争全面爆发，学校撤离杭州，一路迁徙，最后搬到了四川璧山。吴冠中一直跟着走。

在四川璧山，吴冠中很快被一样东西吸引了，那是女孩儿们身上的大红袄。这是当地常见的装扮。

红色真美啊！这让他回忆起了以前在杭州时看到的状元郎。那时功课多，哪有时间玩呢？偶尔去看一场京剧，已经是很惬意的事了。而京剧舞台上那穿着大红袍的状元郎，真光彩啊，就好像整个宇宙都被他统治着！

吴冠中突然有了一个想法，想自己做一件大红袍。

可在当时，他没有钱。

吴冠中找到一位富有的女同学，问："你能借我点钱吗？"

"干什么用？"

"我想做一件红袍！"

"紫红色的？"

"不，朱红的，就像舞台上状元郎穿的。"

女同学看着吴冠中认真的样子，笑了。她借了足够的钱给吴冠中，还调侃道："看你敢不敢穿！"

吴冠中急忙到布店买了最鲜红的布，然后立刻赶到缝衣店做袍子。

裁缝师傅不肯做，说："只有女人穿红的，男人穿这么怪的红袍子，不会被人骂吗？我不做。你去别家吧！"

吴冠中不肯走，他灵机一动，说："我们下江人（指江浙一带的人，吴冠中是江苏人），男人都穿红的，只有女人才穿绿的。师傅你大胆做，我是要带回家穿的。"这样好说歹说，师傅才接了活儿。

等到取衣服的日子，吴冠中早早就到了店里。取完衣服后，他忍着激动一路跑回去，到了宿舍，立刻穿上。

鲜红的袍子一上身，仿佛整个屋子都发起光来。同宿舍的同学们没有不说好的。

吴冠中穿着红袍，就好像真成了统治宇宙的状元郎。他挺着胸膛走进食堂，果然，满堂都是掌声。他更得意了，他觉得自己创造了一件杰作，自己的艺术是领先潮流的。

对于“红色美”的感受，在艺术院的学生里像电流一样流传开来。有人还问吴冠中：“这花了多少钱？我也想仿制一件！”

但是学校里的祥和气氛并没有传到外面的大街上，每次吴冠中穿着这身大红袍外出，都会明显感觉到，路上的行人用奇异的、不屑的，甚至愤怒的眼光敌视着他。

不过吴冠中不怕，他知道这就是美的，他才不管那些“美盲”怎么看呢！

可是，吴冠中还是没过几天就脱下了红袍。那天，他被训导主任喊到身边，主任说：“现在是战争期间，经常有空袭警报，人们听到警报就到处躲，你呢？穿一身这么扎眼的红袍，是故意要暴露目标吗？公安局要把你当汉奸抓起来的。你这红袍必须染了！”

这事很严重，这已经远远不是艺术不艺术、美不美的问题

美盲才可怕！

了，而是大家生命安全的问题。吴冠中不得不让人把这红得发光的朱红染成黑色，结果也没染好，成了脏兮兮的深褐色。他便穿着这脏兮兮的袍子过冬。

虽然这件大红袍消逝了，但他很久都忘不了它，他也一直记得他对这种“红色美”的感受。

在城郊的染坊，他看到蓝天下高高挂着的黑色、蓝色、黄色等颜色的布匹，眼光仍然被那又高又明亮的朱红死死吸引着。

多年后，他的学生燕子在商店里看到一件大红风衣，很爱，又不敢买，怕被人关注。吴冠中看这红色美得大方，美得不俗，就劝她：“这不美吗？买它！怕什么呢？”

『美盲才可怕！』

吴冠中对美的追寻是热烈的、贯穿一生的，他也欣赏能感受美的人，同时，他心心念念地想要扫除“美盲”。

1970—1972年，吴冠中在石家庄的李村生活。在农村时，吴冠中画画的机会不多，也没有足够的画具。一有机会，他就拿上硬纸小黑板当画板，用农民拾粪的柳条筐当画架，出门写生。

当时，他住在村民的家里，画完就把画搁在村民家门口的墙边。

村民们过来看，眯着眼睛看了半天，最后不好意思地和吴冠中说："咱没文化，懂不了。"吴冠中的心里很不是滋味，他知道自己没画明白。

有一次，他画了幅高粱，也放在门口。村民们看了，夸道："真像呀！真好！"可吴冠中心里还是不舒服，因为他知道那幅画很糟糕。怎么能用"像"来欺骗他们呢？"像"就是好画了吗？

直到后来有一回，村民们看了他的一幅画，开心地说："这多美啊！"吴冠中才觉得对了。因为他也觉得这幅画不错。

"像"和"美"，多么真实又确切的评价啊！对于"美"的画，村民们直接的感受是"美"；不"美"的画，他们的感受是"像"。村民们虽然不识什么字，但他们有对美的感受，朴素又自然。

还有一次，在华山脚下，吴冠中看到几个大姐在卖自己缝制的布老虎。那翘起的尾巴尖上，还结扎着花朵似的彩线，真美！吴冠中不禁站在那儿评论："这尾巴的处理方法真妙，您是怎么想的？"大姐害羞地笑了笑，说："不一定很像，是看花花嘛，又不是看真老虎。"

吴冠中越发觉得，有文化和有审美力，是两回事。他回忆起:母亲是文盲,但她对美的感受,对美的追求不是很强烈吗?他永远记得,母亲用各种颜色的零碎毛线给他织过一件杂色毛衣。母亲织了拆,拆了织,编织了无数次,才完成了给他的第一件毛衣。那是多么尽心的一件艺术品呀!母亲有审美的眼光,也有对美的要求。

他也发现:很多人感受不到美。他经常听到一些有学问的人说:“好不好看有什么关系呢?好看有什么用吗?”或者说:“这是丑的吗?这是美的吗?我觉得差不多呀!”吴冠中每次都叹气道:“这就是美盲啊!文盲不可怕,美盲才可怕!”

吴冠中喜欢到处去看美的东西。一次,他一路奔波,到河南南阳的汉画馆看画。他被汉画的艺术魅力深深吸引了。这些画的作者,很有可能是不识字的文盲呀,可他们却创造了伟大的艺术!

可惜,人们似乎不重视这样的美,他又叹息。

这天正是清明节,路上热闹非凡。成群的小学生到烈士陵园扫墓后,又打着红旗顺路到汉画馆参观。他们熙熙攘攘而来,又嘈嘈杂杂而去,扬起了满馆的灰尘。他问一个孩子:“你觉得这里的画美吗?”

“没怎么看。”孩子说。

吴冠中对人说："我以前在法国留学，有一回在卢浮宫，遇到一位小学教师正在给孩子们讲希腊雕刻，她讲得慢，吐字清晰，不仅讲史，更着重谈艺术，分析造型，深入浅出，很有水平。我一直跟着听，完全听懂了，很佩服这位青年女教师的艺术修养。比起自己的童年教育，我多羡慕这些孩子啊！"

"今天中国的文盲不多了，但美盲很多。"他总是这样说。每次，他看到美就欣喜，看到中国的美育被重视就欣慰。发现美、感受美，是每个人必不可少的能力。

聊聊梦想

我觉得吴冠中的梦想是________________________________

为了实现梦想，吴冠中做了什么？

____

我的梦想是____

为了实现梦想，我已经做了什么？

____

我还要做什么？

____

小链接：一路寻找美的吴冠中

吴冠中喜欢在采风写生中寻找灵感。20世纪40年代，吴冠中在法国巴黎留学时，在巴黎的市区、郊区，经常能看到他写生的身影。而一到放假，他就喜欢到欧洲各地游历，画了不少欧洲城市的风景。50年代，吴冠中回国，他画遍了北京的大街小巷、寺院塔楼，并以此为起点向外扩展。1954—1963年，山西五台山，浙江绍兴，山东大鱼岛，江西井冈山、瑞金，山西洪洞，海南岛，江苏宜兴，浙江雁荡山，西藏……他天南地北到处跑，衣裳破了也顾不上，戏称自己是“苦行僧”。他背着画箱“走江湖”，画起画来可以不吃不喝，专注投入。他去了很多地方，见了很多美景，画下了这些“美”。

国外篇

达·芬奇：

永不满足的好奇心

求知欲是人之为人的本能。

——达·芬奇

人物档案

列奥纳多·达·芬奇(1452~1519),意大利文艺复兴时期的画家、科学家、工程师。他的绘画把科学知识和艺术想象有机地结合起来,使当时绘画的表现水平发展到一个新阶段。在绘画理论方面,他把解剖、透视、明暗和构图等零碎的知识整理成系统的理论,对欧洲绘画的发展影响很大。他在地质学、物理学、生物学和医学等方面,都提出过不少在当时有创造性的见解;在军事、水利、土木、机械工程等方面,也有很多重要的设想和发现。

达·芬奇的代表作有《最后的晚餐》《蒙娜丽莎》等。此外,他还著有《绘画论》,并且有大量的草图速写和有关自然科学工程等的手稿流传于世。

1911年8月22日早晨，法国巴黎的卢浮宫照常开门迎客，却发现传世之作《蒙娜丽莎》不翼而飞！警方从各个角度展开调查，《蒙娜丽莎》始终不见踪影。

1913年10月10日，一位佛罗伦萨的古董商突然告诉海关人员："有人要卖我一幅画，那竟是《蒙娜丽莎》！"事情终于真相大白，盗走《蒙娜丽莎》的是卢浮宫的工作人员佩鲁贾，他把画藏在玻璃壁柜里，趁着卢浮宫周一闭馆的时候，把画卷在大衣里带走。

当大家谴责佩鲁贾的时候，没有想到，他这样说："《蒙娜丽莎》本来就是法国的拿破仑盗走的，我这是想把它还给意大利！它是意大利的达·芬奇画的！"于是，在意大利，小偷佩鲁贾很快成了"国民英雄"！

这无疑是因为《蒙娜丽莎》的魅力，达·芬奇的魅力！

『眼睛的奥秘』

《蒙娜丽莎》的魅力，从它的画板就开始了。画板用了什么材质？颜料用了什么材料？衣服的领口是什么纹样？衣褶是怎么画的？还有，她的眼睛有什么奥秘？

仔细看《蒙娜丽莎》，会发现蒙娜丽莎右眼的瞳孔更大一些。在达·芬奇的另一件作品《音乐家肖像》中，人物瞳孔的大小也不一样。然而，这个“大小不一”却恰恰让画面变得更有动感。这是达·芬奇的失误，还是有什么讲究？我们现在看来，这可能就是达·芬奇的研究成果。他的光学笔记也确实证明了，他研究过光线变强时瞳孔收缩所需的时间。

瞳孔为什么会扩张或收缩？这是达·芬奇的好奇之处。

“我打比方给你看。”达·芬奇说，“房间的光太强了，你可以关上半扇窗户，或者按你的需要关多关少。快到晚上的时候，你可以打开整个窗户，这样人们在房间里能看得更清楚。瞳孔也一直随着人们看到的物体的明暗变化调整，多机灵，虽然外面的光线经常变化，但它总有办法让自己更舒服，扩张或收缩。”

关于眼睛的奥秘太多，他好奇的东西也多。

有一次，他看到一个妇人，她穿着一身黑色的衣服，头上戴着一个白色的头巾。“她的头好像比肩膀宽两倍呀！”达·芬奇很惊奇。他联想到，就像发生日食的时候，月亮明明离太阳那么远，但因为在眼睛和太阳之间，我们看过去，它就像和太阳连在了一起。

有一天，屋外电闪雷鸣。他向外望去，树枝状的闪电在对面的屋子后面亮起，整个天空都明亮了。

“屋子是不是看起来比平时小了点，就像矮了一半？”达·芬奇问。“为什么呢？”他又问。

要想明白这些，做实验和对比观察是必要的。“我想证明，物体被光线包围的时候看起来更小，在雾气和黑暗中显得更大。”

如果物体的体形、明暗、大小、长度都一样，那么哪个看起来形状最小？是有光亮背景的那个。看看那些没有叶子的树木吧，阳光从它们背后照射的时候，树木的枝杈是不是比有叶子的时候小很多，甚至看不见了？咱们拿东西举在眼睛和太阳之间看看。

而在实验的过程中，他又发现：闭上一只眼睛看的时候，物体的边缘是不是没有那么圆润了？于是他又问：“为什么会这样呢？”得继续研究呀。

还有一回，天地间飘起了纷纷扬扬的雪花。

“远一点的雪是不是落得慢，而且断断续续的，不连贯；近一点的就不一样了，落得好像更快，像一条条连续的白线。”

那是不是说明，如果物体间的运动速度相同，那么离眼睛越近的，看起来速度越快，离眼睛越远的看起来越慢？

他又想：如果看画的人看的角度、站的位置，或者离画的距离和画家的不同，那他们的眼睛看到的会不会也不同呢？他们看到的画会不会不自然，甚至严重变形？

达·芬奇自己制作了工具做实验。最终，他有了办法。既然不能保证看画的人会在同一个位置看你的画，那我们作画的时候就后退一些，保证画家的眼睛和画之间的距离起码要大于所画对象的宽或高的二十倍。那么，不管看画的人怎么动，大家看到的差别就都很小，很难察觉。

达·芬奇一直在发挥着他的创造力，他画中的每一个细节都来自自己的观察、研究，而他的研究恰是因为他的好奇心。好奇他见到的每一棵树，好奇树做成画板是什么效果。好奇所有原材料，也许可以用来雕塑？画画？好奇自然界中的图案，它们也许就成了《蒙娜丽莎》衣领上的纹样。好奇怎么把衣褶画得立体，或者怎么呈现出天鹅绒般的效果。还有，好奇眼睛的奥秘，观察它们，然后，才有了我们现在看到的《蒙娜丽莎》上动人的眼睛。

达·芬奇最大限度地在发挥他的创造力，原因是什么？其中之一，就是他在不停地追问“这是什么”“这是为什么”。

『多领域的神奇』

达·芬奇的好奇心体现在很多不同的领域，可不止画画哦。

1482年，达·芬奇从佛罗伦萨离开，到米兰求职，他给米兰的卢多维科公爵写信。

“尊敬的阁下，”他说，“制造武器的人很多，自称精通的不少，但我研究了他们发明的所有东西，和常用的武器没有什么不同呀！”

“来听听我的建议吧！我设计的桥梁，比他们的轻便、坚固，而且便携。我可以一点都没有声响地帮咱们挖通秘密地道，它们可以通到任何地方。我还可以设计坚不可摧的装甲战车，它们的大炮所向披靡。”

他还补充说：“这是在战争的时候，在和平年代，不管是公共建筑还是私人建筑，我都能建造。雕塑？我可以。不管是大理石、青铜、黏土。画画？我无所不能，至少不比别人差。您真的不考虑考虑收下我吗？”

看，达·芬奇不仅会画画，他还会建筑，会雕塑，他对很多领域好奇,他在不同的领域创造东西……比如说,他竟然想造一个飞行器,他想让人和鸟一样能自己飞!

1471年,19岁的达·芬奇见到了一种奇特的装置。椽子上吊下圆环,圆环上有十二名扮成天使的男孩。在大型滑轮和手摇绞车的帮助下,这十二名男孩戴着金色的翅膀,手拿竖琴和燃火的宝剑,飞下天堂,解救人们。他们上下挥舞双手,扇动着翅膀,简直像真的在飞一样。

人能像鸟一样飞吗?

达·芬奇在研究的过程中画了很多草图,上面有像蝙蝠翅膀一样的机械装置,但是不能真正飞起来。还有一张草图中,有一只没有羽毛的机械翅膀,连接它的是齿轮、滑轮、曲柄和缆绳。这不是真正的飞行器。但是他画出的下行轨迹很惹人注意。达·芬奇标注:“这就是鸟的降落方式。”

他真的去观察过飞鸟呀!

“有些鸟落下时,翅膀扇动的速度要比起飞时的速度快,鸽子和类似的鸟就属于这种情况。”他在笔记中是这样写的,“另外一些鸟落下时,翅膀扇动的速度要慢于起飞的速度,比如乌鸦和跟它差不多的鸟。”

有一次,他去卢多维科送给他的葡萄园,在那里观察到了

人能像鸟一样飞吗?

一只石鸡的起飞过程："翅膀展开宽、尾巴短的鸟想要起飞时，会用力抬起翅膀，调转它们的方向，这样容易接受来自下方的风力。"

之后，他又做了一系列观察，竟然总结出了鸟类尾巴和翅膀关系的规律："短尾巴的鸟有很宽的翅膀，这样可以用来代替尾巴的作用，当这些鸟想转向的时候，它们会主要利用翅膀的导向作用。"后来他又写道："当鸟快要落到地面，头比尾巴低时，它们会降低尾巴，展开尾巴，短促地挥动翅膀。然后，头会变得高于尾巴，下降的速度得到了控制，这样，鸟就不会在着陆的时候受到冲击。"你注意过这些吗？

达·芬奇把工程学、物理学和解剖学等知识结合在一起，研究鸟类的飞行，设计和制造飞行器，他一共画了500多幅草图，写下了超过35000字的笔记。经过多年的观察，达·芬奇决定把这些笔记编成书。其中，大部分的手稿都集中在一个笔记本里，现在被称为《鸟类飞行手稿》。

直到达·芬奇的年纪很大了，他仍然在继续研究，而且涉及的范围越来越广。

虽然，受条件限制，他到最后也没有制造出人力开动的飞行器。不过，这又有什么关系呢？这是为了永不满足的好奇心呀，而这份好奇心，这个因为好奇心观察、探索的过程，是多么令人开心呀！

聊聊梦想

我觉得达·芬奇的梦想是____________________

为了实现梦想，达·芬奇做了什么？

____

我的梦想是__________________________

为了实现梦想，我已经做了什么？

____

我还要做什么？

____

小链接：包罗万象的达·芬奇笔记

大约在15世纪80年代早期，达·芬奇就开始定期记笔记，这个习惯伴随了他一生。笔记里记录着所有他感兴趣和痴迷的东西，有时候，五花八门的内容常常会出现在一页笔记上。他是一名工程师，他画见过的或者想象出的各种机械装置。他是一名艺术家，他会迅速画下草稿，记录自己的想法。他是一位宫廷演出制作人，会记录服装设计、舞台布置、可以表演的故事，甚至还有有趣的台词。在页面空白的地方，还有他记下的待办事项、账单，以及那些能激发他想象的人物速写……

时间越长，达·芬奇的科学研究越深入，他的笔记，涉及飞行、水利、解剖学、艺术、马匹、力学、地质学等多个方面。我们能够清楚地看到，达·芬奇沉迷其中，他就像一个充满好奇心的探险家，观察世界、探索世界，再把所有想法自由地记录在笔记上。

罗丹：

我坚信真才是美

在艺者的眼中，一切都是美的，因为他的锐利的慧眼，注视到一切众生万物之核心，如能发现其品性，就是透入外形，触到它内在的“真”。这“真”，也即是“美”。

——罗丹

人物档案

奥古斯特·罗丹(1840~1917),法国雕塑家。罗丹14岁学画,后学雕塑,曾经去比利时首都布鲁塞尔从事装饰雕塑工作,1875年游意大利,深受米开朗琪罗作品的启发,从而确立了现实主义的创作方法。他的《青铜时代》《思想者》《雨果》《加莱义民》《巴尔扎克》等作品都有新的创造,但受到法国官方学院派的抨击。包含186件雕塑的《地狱之门》的设计,就是因为当时官方的阻挠,没有按计划实现。

罗丹善于用丰富多样的绘画性手法塑造神态生动、富有力量的艺术形象。他生平作了许多速写,别具风格。另有专著《罗丹艺术论》传世。他的创作对欧洲近代雕塑的发展影响深远。

1347年，英国和法国正处于激烈的战争中，法国的重要港口城市加莱市已经被英国围了一年，双方损失惨重。

英国国王爱德华三世很生气，在快要攻入加莱市时喊话：“等战争胜利，用你们老百姓的命，来还我们战士的命吧！”

加莱人被迫投降，和英王谈判。

英王说：“加莱市里最有名望的六个市民，可以代替全市百姓的命。”他要求他们剃光头，光着脚，脖子套上绳索，在众人面前出城，交出城门的钥匙，献出自己的生命。

在加莱市民的生死关头，全市最富有的圣皮埃尔站了出来，他和五个亲朋好友一起，换上犯人的衣服，悲壮地走向英军军营。

这六个人，成了挽救加莱市的英雄。

1884年，加莱市政府决定为圣皮埃尔和他的同伴制作纪念雕像，经人推荐，他们委托法国雕塑家罗丹塑像。

现在，加莱市市政厅前，六个真人大小的青铜像立在同一个底座上，深受法国人，甚至英国人的赞赏。

但是，从1885年开始制作到1886年雕像完成，评委们一直不满意。

“这不是我们想象中的英雄。”他们说。

六个加莱义民,他们长得不“帅”,穿着破破烂烂的衣服,像是已经饿了很久,在出城的时候,有的忧愁,有的害怕,有的不知道该怎么办,有的甚至两手抱头陷入了痛苦……

而罗丹说:“这是活生生的人,这是真实的加莱义民,这就是美。”

真,就是美。罗丹一直坚持这个观点,他也是这么做的。

『真实的《塌鼻人》』

1864年,罗丹在法国埃尔梅尔大街租了间小房子居住,为了赚钱生活,他给各种建筑物做装饰工作。

“呼……”结束了一天的工作,罗丹舒了口气,“一直重复重复,真没意思……”

这样想着,他嘴一瘪,垂头丧气地往前走。

不过,一走到盖尔布瓦咖啡馆,他的嘴角就禁不住上扬:“艺术家罗丹又回来啦!”

盖尔布瓦咖啡馆附近,因为房子租金低,住了很多贫穷的艺术家,但他们很有才华,经常在咖啡馆讨论艺术,是罗丹的好朋友。

“嘿，罗丹！”有人喊他。角落里的不少人仍然在热烈地讨论着，时不时传出大笑声。

“他们在说什么？”罗丹问。

“我们不是说要自己开展览会吗？现在……”那人卖了个关子。

旁边的人却忍不住了：“拿破仑三世，拿破仑三世皇帝，天哪，拿破仑三世支持我们！”

罗丹听了，一言不发，转身就走。

“罗丹，你干吗去？”

“啊，我得回去创作啊，创作！创作！创作！”罗丹咧着嘴，头也不回地跑了。

咖啡馆里又响起了欢笑声。怪不得他们高兴。在法国官方的艺术展览中，他们的作品落选了，传统人士觉得，他们的作品太“奇怪”了。于是，他们有了一个计划：举办“落选画家展览会”。他们一直在奔走努力着，现在，有了皇帝的支持，计划就要成功了！

展览会在巴黎举办，那是个时髦的地方，罗丹准备找个漂亮的模特儿。他敲响了一户人家的门，没过多久，却被“赶”了出来。那个漂亮、有名的模特儿说：“哦，你能给多少钱？”

罗丹灰溜溜地在街上走着，哪有又美又便宜的模特儿呢？

突然，一个鼻子吸引了他的注意力。

那是个塌鼻子。

塌鼻子的上面有一双呆呆的眼睛，鼻子下面是脏脏的胡子。这似乎是个乞丐。

罗丹在他面前停了下来，说："你好，请问你能当我的模特儿吗？"

乞丐迟钝地抬起头，好久眼神才聚焦，他说："哦，给我碗汤吧，先生，有点酒就更好了。"

罗丹开始创作了，现在他的脑子已经被毕比——那个乞丐——占满了。

他画了十几张草图后，突然按住了毕比的鼻子，他使劲按啊按，毕比痛得哇哇叫。

"对不住了，老兄，我必须把鼻子塑得和真的一样。"

他没日没夜地塑像，不断修改。

再过几天就要交作品了，但他总觉得不对劲。

一天晚上，当毕比一瘸一拐地走进罗丹的工作室，喊着"拿酒来"时，他终于发现，他没有抓住很关键的一点：毕比身上亡命徒的气质。

我必须把鼻子塑得和真的一样。

砰的一声响，毕比已经被按着坐在了墙边，而他面前的塑像，已经被毁得只剩下一个下巴。

罗丹继续观察毕比的皮肤、鼻子，甚至眼睑，不放过任何细节。

“落选画家展览会”开展的那天，《塌鼻人》仍然没有完成，但是这件未完成的作品得到了他导师的认可。罗丹知道展览会失败了，因为他听到了连续不断的嘲笑声。

他仍然塑着《塌鼻人》。

几个月后，作品完成了，罗丹把它送到了法国官方的艺术展览。

展览的评委会拒绝了《塌鼻人》，他们说：“怎么会有这么丑的塑像呢？太奇怪了吧！”

罗丹依然说：“这是真实的人，这是美的。从它的面孔、身体，你没看到他的命运、他的情感吗？它从内到外都是真的啊！这样的艺术难道不美？”

『寻找夏正的《巴尔扎克》』

罗丹的《塌鼻人》不受展览评委会的待见，他的《巴尔扎克》则引起了法国全社会的争论。

巴尔扎克是19世纪法国伟大的作家,作品世界闻名。1891年,法国文学家协会主席左拉找到罗丹,邀请他为协会创始人巴尔扎克塑像。

罗丹很敬佩巴尔扎克,他接到邀请后激动不已,立刻就开始找资料,他必须了解真实的巴尔扎克才能创作。

他泡在图书馆里,读了巴尔扎克的所有作品,搜集了所有相关的文献资料,他发现,巴尔扎克的肖像画太少了。

他不满意。他来到巴尔扎克的故乡图尔,想更了解巴尔扎克的经历。

他邀请了几个长得像巴尔扎克的人,问:"我要塑巴尔扎克,你们能当我的模特儿吗?"

他又去罗丹去过的城市寻找线索。他找到了一位老裁缝,一位给巴尔扎克做过衣服的老裁缝,请求道:"您能给巴尔扎克再做一身衣服吗?"这样,罗丹就知道了巴尔扎克的身高、腿长、胸围等。

在他用蜡、泥、石膏、铜做了40多件"草稿"后,一个朋友的到来帮了大忙——他带来了一张巴尔扎克的照片。那是巴尔扎克的最后时期,他脸上有忧愁,两只手搭在胸前,好像一点力气都没有。他看起来很痛苦……

巴尔扎克的最后几年，是在病魔的重压下度过的。

巴尔扎克的形象越来越鲜明了，但是罗丹仍然没有正式开始创作。朋友问："真实的巴尔扎克，你不是已经看到了，已经很清楚了吗？"

罗丹说："不，我看到的是外貌的真实，但我要表现的还有他的精神、他的气质。你难道不想看到写出《人间喜剧》的巴尔扎克吗？"

他又花了大量时间，研究了有关巴尔扎克的评论和传记。他甚至把巴尔扎克的所有重要作品都重新读了一遍。

这个时候，罗丹眼前的巴尔扎克的形象是：胖胖的肚子一个劲儿往前挺，肚子下的两条腿像两根又短又粗的柱子，肚子上的脸庞盛着粗大的、看起来一点都不聪明的五官。

朋友说："这真蠢，可真不'巴尔扎克'。"

怎么表现巴尔扎克的智慧呢？

罗丹雕了好几个巴尔扎克：有坐着的，有站着的；有裸身的，有穿衣服的；有的两个胳膊在胸前交叉，有的双腿分开站立……他的工作室里，已经有了无数个巴尔扎克。

在很多个日夜后，罗丹终于决定给巴尔扎克披上一件睡衣。习惯彻夜工作的巴尔扎克难道不是这样吗？

在合同规定的十八个月交货期到的时候，文学家协会里那些反对罗丹的人等不及地催促他。在左拉的帮助下，罗丹又多了一年时间。

一年后，协会里的人愤怒了，甚至说："罗丹，如果你24小时内不交出雕像，那我们要控告你！"

罗丹不肯交出不满意的作品，他退回了订金，继续雕塑。

七年以后，1898年，在法国官方的展览上，几千名观众挤在巴尔扎克的塑像周围，观看这位沉浸在创作想象中的、穿着睡衣的作家。

然而，和罗丹的很多作品一样，《巴尔扎克》迎来了铺天盖地的嘲笑，甚至全社会的争论。

罗丹说："我的巴尔扎克像的动态和模样，让人联想到他的生活、思想和社会环境，他和社会生活是分不开的，他是个真实的活生生的人。

然而，学院派的艺术家，甚至普通大众都说，这是"雪人""大麻袋""丑八怪""癞蛤蟆"，这是"神经错乱"才有的作品吧！

在巴黎的大街小巷，《巴尔扎克》已经成了人们吃饭时讲的笑话。

文学家协会(左拉已经离开)连忙发表声明:“我们拒绝接受《巴尔扎克》,我们决定废弃合同。这是件粗制滥造的作品,我们很难认出这是巴尔扎克。”

罗丹发表了公开信,他说:“文学家协会的决定对我是沉重的打击……我已经老了,没有力气为自己的艺术辩护,但我的艺术是真挚的,它自己为自己辩护了……如果真理应该灭绝,以后的人自然会把《巴尔扎克》砸成碎片;如果真理不该死亡,那么我向你们预言:我的雕像一定会胜利……《巴尔扎克》是我大胆探索的作品,我一生的艺术就展现在这上面了。”

罗丹的支持者不满,他们很愤怒,和反对者开始了激烈的争论。

而罗丹,默默地把《巴尔扎克》移回了自家的花园。

直到1939年,《巴尔扎克》被安放在了巴黎的蒙巴纳斯大街。这时,罗丹已经去世二十二年了。

罗丹的作品在他在世时是前卫的,和传统的风格不同,受传统人士的反对,但是他相信自己,坚信“真”就是“美”,“从内而外的真”才是“美”。

聊聊梦想

我觉得罗丹的梦想是________________________________

为了实现梦想，罗丹做了什么？

____

我的梦想是____

为了实现梦想，我已经做了什么？

____

我还要做什么？

____

小链接：为什么法国学院派反对罗丹的作品？

在艺术上，罗丹和19世纪法国学院派的斗争持续了他的一生。学院派看不起肉体，认为肉体是粗俗的，但罗丹认为肉体的细节能表现情感，他崇拜肉体。学院派的作品有规定的几种类型，形式没什么变化，但罗丹认为每个作品都应该有自己的个性、情感，应该表现自然、真实。学院派重视传统、反对改革。早年，罗丹3次报考巴黎美术学院，3次被拒绝。罗丹的作品也一直被法国官方展览会拒绝。罗丹的每一件作品问世，都会遭到学院派的抨击。但是罗丹始终坚持自己的观念，坚持自己的艺术风格。

梵高：

我的艺术我做主

尽可能去培养广泛的兴趣爱好，因为其中蕴含着真正的力量，那些爱好广泛、生活充实的人，无论做任何他所热爱的事情，都会做得很好。

——梵高

人物档案

文森特·梵高(1853~1890),荷兰画家。父亲是牧师。梵高早年当过店员、教师、矿区传教士等,后走上绘画创作道路。

早期作品用色较暗,如《吃土豆的人》。1886年去巴黎,受印象画派和日本浮世绘的影响,他先用点彩画法,后变成强烈而明亮的色调,以跃动的线条、凸起的色块表达主观感受和激动的情绪。其画风对后来的野兽派、表现派都有很大影响。作品有《向日葵》《星月夜》《农民》《邮递员罗兰》《供应市场之农圃》《麦田群鸦》等。

1890年，比利时的布鲁塞尔正在举办“二十人展”（“二十人”是比利时的艺术家团体，是当时前卫艺术的领导者），37岁的文森特·梵高也受邀参加。他雄心勃勃地寄去自己的六幅作品，《向日葵》正在其中。

富丽堂皇的展厅里，梵高的画和许多名画家的作品放在一起。然而，传统评论家们看到他的画后，都目瞪口呆——浓烈的厚涂法，鲜亮的色彩，“野蛮”的颜料的冲撞，粗放、直率、狂野，这和传统的画风“忠实表现自然”完全不同。

“我的画，坚决不能和梵高的那幅一起展出！那盆不堪的向日葵！”画家德格鲁士气呼呼地说道。在庆祝画展开幕的酒会上，他还说：“梵高是笨瓜！是骗子！”

梵高的朋友劳特累克听了，大叫着冲了过去：“这是诽谤！这是污蔑！我要和你决斗！”场面混乱，大家好不容易才将二人分开。第二天，德格鲁士退出了画展。

画展里，很多人对梵高的画不满，但梵高很兴奋：有人用400法郎买走了他的《红色的葡萄园》！这是他第一次卖出画。

然而，他不知道，这也是他生前卖出的唯一一幅画。世人也想不到，1987年，梵高去世97年后，他的一幅《向日葵》在伦敦卖出了破纪录的高价——三千九百多万美金。

他的故乡荷兰也想不到，荷兰会在1973年建立梵高博物馆，用很多钱到世界各地“买回”梵高的画。每年，有上百万人慕名前来参观，荷兰已成为到处都是“梵高”的国家。

可以说，在梵高作画的那么多年里，他一直不被看好，也没有收入。这样的他，为什么最后能成为闻名世界的艺术家呢？

『艺术家？你是不是疯了？』

梵高铺开画纸，盯着不远处被砍伐的松林，他在画一张大幅的习作。他的目光正移到河边的那棵孤零零的树上。

一阵细细的窃笑声从身后传来，梵高置之不理。又一阵大笑声传来，梵高偏头：一个脑袋正凑在他耳边，和他一起望着河岸，还时不时看一下他的画作。梵高茫然地眨眨眼，但还是继续作画，没有理他。

但是，那个脑袋一直出现，接连几天，而且，哄笑声越来越大。梵高终于转身，他看到，那人抱胸弯腰，正在他身后探头探脑。他身旁有一截被砍断的松树，地上放着一把斧子。这是一个伐木的农人。

梵高问:“你为什么笑?”

“因为你画树啊!”

“画树有什么好笑的?”

“哪有人画树呢?这是没用的事,没有人会去做!你一定是疯了!”农人回答。

梵高仔细思考了一番,问:“那……如果我种一棵树,或者摘树上的果子,把树砍下来,算不算疯呢?”

农人说:“当然不算啦,我们都这么做!”

“我才不疯呢!”梵高哼了一声,转过了身。

“你不干活,天天坐在这儿,不疯吗?全村人都这么说!”农人不服气。然而,回答他的只有笔在纸上画过的唰唰声。

梵高才不管他们的嘲笑呢!

傍晚,一家人都围坐在客厅的木桌前,有的做针线活,有的看书,有的写信。

木桌宽大,梵高也在灯光下工作,他正在重画今天在田野里的人物速写。

父亲提奥多洛斯看着他画同一个人,画一张扔一张,连扔了十多次,忍不住说:“我真担心,如果你真的适合当一个艺术家,那些画,你第一次画的时候就该成功了。”

梵高低头看着他的画:一个农人正把土豆往袋子里装。是的,他没有把握住农人手臂的线条。不过,他没有放下手中的笔。

“你没有天赋,儿子,你就是画一百次也不会成功。”提奥多洛斯继续说。

“我会成功的,爸爸!”梵高一直认真严肃地对待画画。他知道有困难,但从来没有放弃的想法,反倒一天比一天更有力量。

然而,提奥多洛斯不理解,他不相信坏的作品能变好,坏的艺术能变好。他不希望梵高浪费自己的时间和精力。

“我很快乐!也许,我要花很长时间才能把不好的作品变好,但这样的努力是有意义的!”梵高说着,他正在把画上的土豆袋子擦去。

提奥多洛斯沉默了一会儿,他是个操心的父亲。要是还是画不好呢?他想,他也这么问了。

“艺术家得冒这个险。”梵高耸肩道。

“冒险的报酬如果不值得呢?”

“报酬?什么报酬?”

“一个人挣的钱。还有社会地位。”

梵高终于停下了笔，他抬起头，好像白天的农人那样不可思议。他盯着眼前的“怪人”，说：

“我们不是在讨论好的艺术和坏的艺术吗？”

『画我想画的』

梵高不分昼夜地钻研着绘画技巧。他喜欢画人物，尤其喜欢画劳动者，画他们鲜活的生活。

他从不同角度画一个手拿铁锹的男人，总共画了五遍那么多；又画了播种者两遍，画拿扫帚的女孩两遍。后来，他画了一个正在削土豆的戴帽子的妇女，画了一个羊倌倚着他的牧羊棍；画了一个年老患病的农人坐在炉子旁的椅子上，双手抱着头，两肘撑在膝盖上。他不停地观察着乡村的一切，想把他们都画下来。农人们开始喜欢他了。

一天早上，梵高的妈妈安娜在厨房里喊道：“儿子，今天两点之前回家，和我一起去参加茶会吧！”

梵高拒绝了，他认为这浪费时间。

安娜说：“你可以去画茶会上的人啊，那里的女人都很有地位，很出色。”

梵高真想逃跑，但他还是努力解释着：“妈妈，我觉得茶会上的女人没有个性。”

安娜诧异他会这么想，她向梵高保证，她们的品性都不错，人人夸赞。

但是梵高有自己的模特儿。他觉得茶会上的女人生活安逸，没有他想要的生命力，脸看起来都差不多。

又是野外的工人和农人吗？画他们有什么好处呢？起码镇上的太太小姐能付画像钱呀！安娜不能理解。

梵高感谢安娜，他又一次向安娜保证，告诉她：“我会坚持这么做。总有一天能卖出画的，到时候生活就能好起来了。”

“既然你知道怎么做，”安娜叹了口气，“你就走自己的路吧！我只是希望你过好日子。”

这天，梵高没有去田野，他费了好大一番工夫，请了园丁皮特·考夫曼来给他当模特儿。

午后的花园里，皮特正兴奋地招呼梵高。但梵高却突然大笑起来：皮特坐在小板凳上，硬邦邦的像根杆子，他全神贯注，就像正等着人给他照相。

梵高说：“皮特，你穿这样的衣服，我没法儿画呀！”那衣服笔挺笔挺的，把皮特罩得严严实实。

皮特委屈了，这可是新衣服，他平时只有星期天做礼拜时才穿！

梵高当然知道皮特的“用心准备”，但他还是说：“可是，我要画的是你穿旧工作服，弯腰耙草的姿势，那样才能显出你的身体线条，我才能看到你的骨骼啊！现在，我的眼里只能看到你的衣服，看不到你的人了！”

皮特还是不愿意换衣服，他觉得自己的旧衣服上有补丁，还不干净。他希望最后画出来的，是他“体面”的样子。

于是，田野上又出现了梵高的身影，他坚持找他喜欢的模特儿。那里有正弯腰挖地的人，他们正和土地完美地融合在一起，正在为生活努力劳作着。这幅画面慢慢出现在梵高的画纸上。

『画我看到的样子』

梵高整理了自己最好的作品前往荷兰的海牙。在这里，他拜访了表妹夫莫夫，莫夫是当时荷兰最赚钱的画家之一。

莫夫虽然很忙，但仍然抽出时间指导这位“新手”表哥。他的鼓励让梵高充满动力。

然而很快，他们的“交情”出现了危机。一天，莫夫到梵高郊外的公寓去看他，见到了他请的模特儿。这场见面两人不欢而散。没有画好石膏模型就雇模特儿画像，莫夫认为这是在浪费时间和金钱。两人的争论已经持续了一段时间，在这一天彻底爆发了。

当梵高再一次到莫夫的画室拜访他的时候，莫夫从忙碌中抽身，拿过梵高递上的画，不住摇头："不对，不对，完全不对……"

梵高皱眉，莫夫很少这么直接地否定他，莫夫一直欣赏他的画，认为他能成功地成为画家。

“我以前居然把粗鲁看成了有力……画画这件事，你必须要从头学起！”他已经懒得和梵高多说了，“角落里有石膏模型，去照着画吧……”说着，他躺倒在了沙发上。

梵高走到角落，在白色石膏脚旁待了很久。半晌，他才从口袋里拿出速写纸动作起来。

莫夫的呼噜声持续了几个小时，他醒的时候，梵高已经完成了好几幅画。

他快速走到梵高身边，只看了一眼，又快速地把那几幅画撕碎，不耐烦地说：“还是那么粗鲁，那么生硬！你就不能照着模型画吗？就不能把线条画明确一点？你这样怎么可能画得和原物一样？”

“你对我说的话，连学校里最糟糕的教师都不会这么说！”梵高也生气了。

“要是你多上点儿学，怎么会不懂？传统的方法就是这样，这样才能成为画家！”

梵高只能照着莫夫的吩咐，继续对着石膏脚画起来。

画又被撕成了碎片。莫夫边撕边说：“没有一点可取之处，你违反了绘画的所有基本法则，把石膏带回去，画好了再来……”

“砰！”一声巨响打断了他的话。

白色的石膏像已经成了残破的各个部分，梵高脚下满是碎片。

这回，屋里的吼声换成了梵高的，他愤怒地说：“可以画活人的手脚，为什么要去画模型！我不能按自己想的画吗？画我看到的样子，不是画你看到的！”

梵高最终离开了莫夫的画室。他有些伤心，因为莫夫是难得支持他的人。但他同时又松了口气，因为终于不用再画那只没有血管的没有生命的脚了。

我就要画我看到的样子！
砰！

然而,梵高的伤感没有结束,他没有想到,自己还会和最好的朋友高更发生激烈的争论。

梵高开始画更多的风景画,这对人物画的练习大有帮助,他把自然界中的景物想象成有生命的物体,用心把它们画"活",这让他入迷。他在法国的偏远古镇租了一幢房子当作画室,邀请高更来一起工作。新鲜黄油颜色的外墙,绿色的百叶窗清新醒目,他花大价钱装修了房子。

高更在梵高的多次邀请后到来了。但是,两人都没想到,他们画画的风格非常不一样。梵高喜欢外出搜集素材,高更喜欢在屋子里安静地想象。梵高喜欢灵光一现的东西,高更喜欢慢慢地、一步一步有计划地画画。梵高的画粗犷、直率,几周里他画了十几幅画;高更的画细致、理智,几周时间他只完成了三四幅。

他们的分歧越来越大。最让高更不理解的是:"你为什么总是画自然,你只不过照着画了一遍,能得到什么?"

"生命的运动和节奏,高更。"

"你疯了?"

"我画太阳,我要人们能感觉到它在以一种可怕的速度旋转,它在发出威力巨大的光和热的浪。我画麦田,我要人们感到麦粒里的原子正在生长，正在走向爆裂。我画苹果树，我要人们感到苹果里的果汁正在撑开苹果皮，果核里的种子正向往开花结果。”

“梵高，我告诉过你多少遍了，画家不该有理论！”

“可是，高更，你看这幅葡萄园。你看到葡萄迫不及待地要胀裂了吗？你感觉到它的汁水溅进你的眼睛了吗？你有没有感到，有成千上万吨的水从这深谷奔泻出去。你有没有看到，这个男人经历的一生，他经历的一切！”

“你到底在说什么鬼？”

“我在说，高更，让庄稼向上长的土地、深谷里奔流的水、葡萄的汁液和一个男人身上流过的一生，都是一回事，都是一样的。我们大家，所有人、事、物的节奏都是一样的。当我画一个农人的时候，我希望人们感觉到，他和土壤是融合在一起的。我希望人们感觉到，太阳把光照进世间的一切，而世间又把它们拥有的回射给太阳。总之，大自然和我们是交融在一起的。你如果感受到这样的节奏，就懂得了生活！”

梵高已经沉浸其中，他的脸越来越红，焕发着别样的生机，就像他脑中生机勃勃的画面。

他的声音微微颤抖：“高更，你感受到太阳的热烈了吗？”

高更没回答。

梵高不需要他的回答了。农人不理解他画树，父亲不理解他画画；妈妈不知道他不想画什么，皮特不知道他想画什么；莫夫让他画别人喜欢看的，高更和他看到的完全不同……这有什么关系？我的艺术我做主！

聊聊梦想

我觉得梵高的梦想是________________

为了实现梦想，梵高做了什么？

____

我的梦想是________________

为了实现梦想，我已经做了什么？

____

我还要做什么？

____

小链接：人气旺盛的梵高博物馆

“亲爱的提奥，如果我的画都卖不出去，那我实在无能为力了。但总有一天，这些画会比我买得起的颜料更有价值，比我的生命更有价值。”这是文森特·梵高写给弟弟提奥·梵高的信。

提奥一直为哥哥文森特提供经济支持，也一直小心翼翼地珍藏着哥哥没有卖出去的作品。1962年，他的儿子文森特·威廉决定在荷兰首都阿姆斯特丹成立梵高博物馆，博物馆于1973年正式对公众开放，荷兰女王朱利亚娜参加了落成仪式。博物馆由建筑家格里特·李特维尔德设计。馆内藏有梵高的200多幅画作（其中有著名的《群鸽》和《向日葵》),1000多张手稿(其中580幅用于展览),十几本复印画集,4本画稿和750多封书信,还有梵高和弟弟提奥收藏的日本浮世绘和其他一些画家的作品。馆内还展出了19世纪艺术大师,如高更、莫奈、西涅克、夏凡纳、罗丹、劳特雷克、毕沙罗等人的作品。20世纪以后,每年到梵高博物馆参观的游客数量都有上百万。

参考文献

1.房玄龄等.晋书:卷八十[M].北京:中华书局,2015.

2.李昉等.太平广记:卷二〇七[M].北京:中华书局,2020.

3.刘标玖,刘锦东.书圣王羲之[M].武汉:华中科技大学出版社,2020.

4.刘昫等.旧唐书:卷一百六十五[M].北京:中华书局,1975.

5.欧阳修,宋祁.新唐书:卷一百六十三[M].北京:中华书局,1975.

6.赵际芳.柳公权[M].太原:山西教育出版社,2006.

7.刘海粟,王个簃,等.回忆吴昌硕[M].上海:上海人民美术出版社,1986.

8.聂征夫.一代宗师吴昌硕[M].杭州:浙江大学出版社,1990.

9.吴晶.百年一缶翁——吴昌硕传[M].杭州:浙江人民出版社,2005.

10.阿离.难忘经典名人故事[M].成都:四川辞书出版社,2018.

11.娄述泽.突破樊篱已白头娄师白谈中国画艺术创作[M].长沙:湖南美术出版社,2017.

12.齐白石,周楠.齐白石自述[M].北京:当代世界出版社,2017.

13.王砚波.中外名人传记故事丛书 齐白石[M].北京:中国和平出

版社,1996.

14.吴丹,郑洪杰.艺术大师[M].北京:中国少年儿童出版社,2016.

15.邹禹.齐白石的乡土与烂漫[M].北京:东方出版社,2009.

16.耿龙明,江文琦,上海对外文化交流研究中心.中国文化与世界(第一辑)[M].上海:上海外语教育出版社,1993.

17.梅兰芳.舞台生活四十年:梅兰芳回忆录[M].北京:新星出版社,2017.

18.梅兰芳,傅谨.梅兰芳全集[M].北京:中国戏剧出版社,2016.

19.苏移.中国京剧史[M].北京:中国戏剧出版社,2019.

20.中国京剧艺术基金会.谈戏说艺百位名家口述百年京剧传承史全二册[M].上海:上海文化出版社,2015.

21.朱恒夫,聂圣哲.中华艺术论丛 第17辑 戏曲唱片与戏曲电影研究专辑[M].上海:上海大学出版社,2016.

22.何周.中外名人传记故事丛书 田汉[M].北京:中国和平出版社,1996.

23.李国才.国歌的诞生[M].上海:上海人民出版社, 2015.

24.孙旻.狂飙集——田汉的戏曲观与戏曲创作[M].北京:中国戏剧出版社,2007.

25.田汉.田汉文集:第14卷[M].北京:中国戏剧出版社,1987.

26.田汉.影事追怀录[M].北京:中国电影出版社,1981.

27.田汉,《田汉全集》编委会.田汉全集:第16卷 文论[M].石家庄:花山文艺出版社,2000.

28.张向华.田汉年谱[M].北京:中国戏剧出版社,1992.

29.中国人民政治协商会议全国委员会,文史资料研究委员会.田汉[M].北京:文史资料出版社,1985.

30.龚义江.生死之交——周信芳与田汉交往录[J].艺术百家,2001,(3):79-85.

31.马少波.怀念田汉同志[J].中国戏剧,1998,(3):6-7.

32.陈星.丰子恺漫画研究[M].杭州:西泠印社,2004.

33.丰陈宝,丰一吟,丰元草.丰子恺文集 艺术卷4[M].杭州:浙江文艺出版社,杭州:浙江教育出版社,1990.

34.丰一吟.梦回缘缘堂·丰子恺[M].上海:东方出版中心,2010.

35.丰一吟.我和爸爸丰子恺[M].天津:百花文艺出版社,2008.

36.丰子恺.丰子恺自述:我这一生[M].北京:中国青年出版社,2015.

37.丰子恺.缘缘堂随笔[M].北京:开明出版社,1992.

38.林潇.不如撸猫去[M].南京:江苏凤凰文艺出版社,2018.

39.叶瑜荪.漫话丰子恺[M].杭州:浙江古籍出版社,2017.

40.赵晓丽.浙江历史名人简明读本(汉英对照)[M].武汉:武汉大学出版社,2015.

41.徐悲鸿,吴作人,等.看山还是故乡青回忆张大千[M].北京:中国文史出版社,2019.

42.张大千,伏文彦.张大千画学精义[M].上海:上海人民美术出版社,2018.

43.郭冰茹.人民音乐家冼星海[M].广州:广东人民出版社,2009.

44.魏艳.百年巨匠冼星海[M].北京:文物出版社,2019.

45.冈崎雄儿.不愿做奴隶的人:聂耳传[M].李玲,译.北京:新星出版社,2019.

46.《聂耳全集》编辑委员会.聂耳全集(增订版)[M].北京:文化艺术出版社,2011.

47.吴海勇.起来——《风云儿女》电影摄制与《义勇军进行曲》创作历程纪实[M].上海:上海人民出版社,2019.

48.坎内尔.贝聿铭传 现代主义大师[M].倪卫红,译.北京:中国文学出版社,1997.

49.李菁,贾冬婷.百年贝聿铭 东方与西方 权力和荣耀[M].北京:生活书店出版有限公司,2019.

50.徐宁,倪晓英,高福民.贝聿铭与苏州博物馆[M].苏州:古吴轩出版社,2007.

51.张一苇.神秘的东方贵族:贝聿铭和他的家族[M].苏州:苏州大学出版社,2014.

52.读者杂志社.读者·精华(23)[M].兰州:甘肃少年儿童出版社,2017.

53.吴冠中.老树年轮[M].北京:团结出版社,2008.

54.吴冠中.吴冠中文集[M].成都:四川美术出版社,1989.

55.吴可雨.吴冠中[M].石家庄:河北教育出版社,2006.

56.艾萨克森.列奥纳多·达·芬奇传[M].汪冰,译.北京:中信出版社,2018.

57.达·芬奇.达·芬奇谈艺录[M].兰沙河,译.北京:金城出版社,2015.

58.达·芬奇,张竟无.达·芬奇谈艺录[M].刘祥英,译.长沙:湖南大学出版社,2010.

59.德尼佐.达·芬奇手稿[M].胡莲,陈阳,张绚,等,译.南京:江苏凤凰科学技术出版社,2019.

60.顾汀汀,肖谷.罗丹·1917年[M].上海:少年儿童出版社,2010.

61.金燕.罗丹[M].海口:海南出版社,1997.

62.龙飞,罗世平.欧洲近代雕塑大师罗丹[M].北京:商务印书馆,1985.

63.罗曼.罗丹[M].蔡莲莉,顾珏弘,贾彤,译.北京:北京美术摄影出版社,2015.

64.王镛.走进大师 罗丹[M].北京:人民美术出版社,2003.

65.拉佩里.阿姆斯特丹梵高博物馆[M].赤峰:内蒙古科学技术出版社,2018.

66.奈菲,史密斯.梵高传[M].沈语冰等,译.南京:译林出版社,2015.

67.斯通.渴望生活 凡·高的艺术生涯[M].刘明毅,译.上海:上海人民美术出版社,1982.

68.斯通.渴望生活 梵高传[M].常涛,译.北京:北京十月文艺出版社,2014.